摩西或中華

文化間距論

Moïse ou la Chine

〔法〕朱利安 François JULLIEN 著　　卓立　Esther LIN 譯

獻給卓立

因其無止盡的翻譯工作，
成為中華文化與歐洲文化之間的仲介。

目　錄

「神」可以摸到嗎？
——《摩西或中華》導讀

翁文嫻

一、西方哲學並漢學的奇特經歷

朱利安這本《摩西或中華——文化間距論》，據稱將是最後一本涉及漢學的書，他希望「我」，能夠為這書寫導言，如此任務算是文章歷程中最大的難題。

不斷回顧朱利安自身的經歷，他有如貴族一般的學歷，為什麼一畢業要到遙遠荒蕪的北京學習中文？第二個奇特，他嚴格訓練的希臘哲學，最後是在華洋雜處的香港，才遇到真正的新儒家，開啓了大半輩子與中國古典的哲學「間距」對話？

回想這位名揚國際的哲學漢學家，「學經歷」較特殊。大學時是很硬的哲學系，在有名的巴黎高等師範學院畢業（沙特與羅蘭巴特的學校）主修希臘思想文獻。一畢業即隻身遠赴當年四人幫時期的北京，沒人敢與他說話，這樣的靜默觀察期間（1975－1977），給朱利安極深刻的感受（他居然同時法譯兩本魯迅散文集《朝花夕拾》）。

1978－1981 年到香港，在香港新亞研究所隨牟宗三、徐復觀等新儒家學習，自稱遇到真正的「中國文人」，他承著西方傳統嚴格的文學、哲學訓練，常常整個下午，得以單獨地到牟宗三、徐復觀等老師家對話，並準備他的法國國家博士論文，主題：「含蓄在中國文學中的價值」，研究了賦、比、興，其中對「興」這觀念特別著力，這時便展現他不自覺的「間距」方法。

二、間距與之間開展的「未來」

朱利安已出版的 49 本著作中，前 15 本多從中國的經典對話開始，例如在《迂迴與進入》（1995）中處理《左傳》、《史記》、《論語》、《莊子》及中國古詩詞曲折蜿蜒的隱喻筆法。在《中庸》內詮釋「中」的意涵：「『中』是做此做彼都能做得『一樣好』的能力，也就是說，能成為任何極端」；《勢》內有處理政治戰略中的勢、山水與詩內空間布置的勢。這些前期回應中國經典的作品，涉及詩學、外交、政治、兵法、書畫、美學。他是先透過嚴謹的考據、引用，再出現他的哲思。在「間距」的方法下，那些古老文字變得非常具當代意涵。

最具東西方「間距」撞擊力的是，2004 年林志明譯的《本質或裸體》，我們真的難接受攝影作品內，人體的恥毛、大腿夾著的凹入線條，是如何可以美至本質世界？感受上帝造物的莊嚴？而中國古畫內的石頭，可以乘著大氣，與天上的雲影呼吸？這不是「比較」出來，而是

你看我，我看你，面對面互相映襯的效果。

　　朱利安詮釋中國經典，有一個歐洲哲學的思考背景，他運用「間距」，將中國經典，放在當今世界思潮脈絡中呈現。如《山水之間》對風景的描述：「風景引動了我與世界的『共源性』，令我們感受更內部深層的自己，揭示了我的隱密。觸及風景的時候，「情」不會任自己個別化，而是保留了模糊和不可圈定性，關乎一種感性狀態。」這樣的詮釋，很清楚揭示中國詩歌內「物」與「我」交融的關係，在當代的評論運用中，幾乎可取代王國維「境界」一詞。

　　朱利安的漢學，除了涉及面宏闊，是極少數真能運用東方的「虛位」態度，來面對手中處理的學問。2015 年出版《從存有到生活》，此書由二十組詞語，用「間距」彼此互看方式組成。《從存有到生活》，有如一本預告未來的書，是我們思考或生活態度選取時，可能的未來。

三、最後的信仰之書──

　　信仰，是最能令人內心安穩的力量。「我相信」、「我願意」、「喜歡哪！」這些話語，說出來剎那間，神情美極了。只是，我們處於一個文化衝擊的年代，從外在建築屋宇交通，以至個人身體、打扮、醫療、心靈性向怎麼選擇決定呢？有哪些可以陪伴我，繼續走下去？有這樣的可能嗎？神哪！

小小一片台灣，神明總是數不完。以前愛過那些像燙滿小圈頭髮的神廟，後來才搞清楚原來是民間道教。各種佛門聖地也在台灣：佛光、慈濟、法鼓、中台、淨土、靈鷲……。另一種同樣遍布莊嚴深入民心的，天主基督各派長老，西方的摩西幾千年後，來到從未聽過釘十字架故事的華人社會。於是這位哲學漢學家朱利安將基督教《聖經》神學如何演變「現代性」，《易經》對天的理解，又如何累積成我們「內在性」觸動的語言，寫就《摩西或中華》──最激烈的東西方信仰交錯版，一本目前能令我每日願意思考的書。

1. 東西源頭相遇，「搖撼式」的間距力量

　　「摩西和中華，哪一個較可信？」這是法國帕斯卡（Pascal，1623-1662）《思想錄》裡的一句話，這句震撼性的話語，有如碰觸了不可碰的事物，帕斯卡最先是收起隱藏縫入他大衣的內襯裡，後來才出版（出版時被加上了括號）。朱利安說：「人們甚至不知道來自他方的搖撼究竟會把其根本動搖得有多深：我們眾多真理的底層突然晃動起來了……」。

　　這一本涉及信仰的大書，朱利安的哲思經過卓立譯筆，讀來有嚴密邏輯推動程序，同時也有著經驗層可到達的理解。這些文字不方便列成「綱領」，說這一章講了些什麼？因為每一行、每一行的移動，它們會「變化」你的感受，句子不斷吸引我們的經驗層連同智力，你願意不停再次讀，覺得每次都好像是新鮮的。

就如談到，在希伯來文的《聖經》，摩西問神如何稱呼？神回答：
「我是那個我是」。朱利安說：希伯來文裡耶和華（Yahvé），意思是
法文的 être（存在）。什麼人可以終極發展到：「我是那個」——就這
樣完成的「我是」呢？本來怎麼樣需要，我終於就怎麼樣的完成⋯⋯。
令人太愛「耶和華」這樣的名字了。

朱利安辨認這位「神」有兩種面向：一個知識的客體，它是「『原
則』，⋯⋯還是所有知識的開端和基底」，建立成「歐洲理性的主要支
柱」。另一個神是祈禱裡的神，向它說話，不需要問「他是否存在」。
它是我「個人」要去碰見的，「他不是用反思去假設的，而是住在人的
意識之最深處」，「神比我內心最深處還深」。

《摩西或中華》一、二、三章，多有神學的著墨；四、五、六、七章，
朱利安自儒家經典內的《詩》、《書》、《易》的文字，在西方的神學
史旁邊，我們將讀到這些古書內容，穿越三千年時間發出的全新意義。
朱利安沿著古文獻，勾勒出我們不會以這樣角度看到的古代「良君」：

君主所持有的警惕性格是毫不自大、殷勤的並崇敬的秉性，這秉
性使他謹慎地看顧廣闊的天地，以至於他能從容看待令人驚心動
魄的遼闊。

又譬如：他閱讀《易經》的「爻」：

每一爻構成不同的動態成分……讓人得以捕捉正在運作的機變之「幾」。……這些相遇促成了萬物的運動……

朱利安特別之處在於,他沒有我們五四時「禮教吃人」的經歷,對於「禮」的期待,有如回到孔子對周公的嚮往,他引孟德斯鳩的觀點:「中國人的禮觀之意涵既是更根本性的也是更全面性的」,禮的儀式代替禱告成為宗教的核心。而他對於「禮」、「履」、「理」三字在字源上的聯繫(據許慎指出),更寫出一般我們平日不易如此聯想的意涵:

因為鞋子框住人的腳並牢固地支撐人腳,就同時給人以形態和憑靠……在禮的概念裡,人的思想能一致地抵達這樣的理解力。

這些文字,有如天真赤子式的閱讀,將原先古代的優美,穿越時光隧道,一一再度前來。

2. 基督之死,難以填補的深淵──「現代性」的各種面向

西方對神觀投注,推動了歐洲的歷史,尼采說出:「神死了」,產生了結束後的抑鬱(難以彌補)。書內最後兩章,特別感受朱利安學術能力與關懷的角度。「神死了」之後掀引的波濤,朱利安說:「它不是眾多歷史現象當中的一個,而是西方歷史之基本運動」,「道成肉身之神死了,就生出一個想要成為神的人,孕育出絕對純粹人之未來」──歐洲「現代性」的誕生。

書內特別有關「現代性」的研究，多個切面：

1. 西方「神死了」與科技並肩進入中國的「歷史進步觀」與更激烈的革命觀，中國如何承受站穩這些觀點？
2. 神「奧祕難測」使科學得以發展的數學在神觀之上，就令嚴格演算的驗證一下子引進宇宙，成為先驗性的奠基知識。
3. 在神觀內，相遇時碰見的他者，更能拓展「自我認知」，「神正如他者以其外在性湧現於我內在深處」（中華一般只有「配對」的認知，將他者看成整體內的伙伴）

這些議題，在書內最後兩章不時湧現，每一個都可以引申無窮的討論。

四、用無窮來使生活出現裂痕—— 思想向「不可約比性」敞開

神死了。朱利安提出：「神應該是信仰所剩餘的，而不是『剩餘』的信仰」，那麼這名詞將會是什麼？如何書寫？朱利安最後提出 incommensurable（不可約比的事物）：

由於「不可約比」的用無窮來使生活出現裂痕而不停地在貼近生活之處綻放出來。「若神存在」這個問題此後不再有任何意義，……

珍愛這次幫朱利安書寫小小導讀的時刻，因為他當年的牽線，得以去巴黎，發展我可以古今相通的詩學。他的名言：「繞道遠方，才能重新認識熟悉的事物。」2020年，終於寫成《間距詩學》一書。空間與時間的遙遠，打開白話文與古奧文言的「間距」，我試進入《詩經》「賦」、「比」、「興」的三種想像方式，與現代詩最有創造力的語法並讀。這樣的「間距」沒完沒了，永遠在不時湧動的生活細節中，忽然出現。猶如朱利安另一本書《去相合》內揭發的，人需要「去掉心智」，才可以真正的處於「在場」，「產生意識」，而領悟到一件事情的發生或消逝，我很喜歡朱利安《去相合》的意念。

沿著《摩西或中華》，東西雙方的信仰源頭，被朱利安「去相合」地，走到「間距」的上游，「撬開」歷史的塵漬，讀著讀著進入如太初人類，透明地最早與天相應的「思無邪」，朱利安的詮釋，非常類似詩。

讀到這本書，我們將更虔敬地對待內在的感應嗎？人終於將能體驗天命的調節？還是更期待看見，在人的意識深處，激起意義暈眩作用的那一位？祂有無限的誘惑力……。

總之，從今而後，我們的生活與生命的發展，再不是單面的，甚至也不只是兩面的，每人東西方認知的混成方式，將完全不可估計，就讓incommensurable「不可約比」這個詞，作為裂痕、契機、向無限敞開。

摩西和中華，哪一個較可信？

—— 帕斯卡（Pascal, 1623-1662），《思想錄》，第 593 條

一． 攤開文件

1

呈現在我們眼前的世界是多元性的文化,這是世界的現況,也是它的豐富。我們正處於脆弱但富有生產力的時刻:世界各地的人現在來往得足以讓他們的多樣性交會,而且此多樣性尚未被同一化這個重壓機碾壓而埋葬。或者,是否太遲了,我們已經失去了「多元性」(如謝閣蘭〔Victor Segalen, 1878–1919〕絕望的吶喊)?謝閣蘭認為永遠逝去的多元性,我們能否在思想裡重新建構它呢?今天,人類的文化資源確實已像很多自然資源那般地受到威脅。眾多語言已在我們眼下快速地縮減成方便的「全球英語」(globish)以及全球市場壓力下的標準化聯絡模式。然而與此同時,新興的國族主義則企圖把眾多文化侷限在它們各自固有的歸屬裡,用樣板形象去呼求它們的「身分認同(同一存有本體性)」,並以帝國主義為其訴求目標。上述的兩種想法事實上豈非相關相連,好似一方能彌補另一方?我們將死於枯燥無聊的前者(多元性的喪失)或者死於愚蠢的後者(呼求同一存有本體性)?又或者死於它們兩者的重拳之下,因為它們當中的一方把另一方拉進己方的反面裡?

其所造成的結果當中有一點是肯定的,就是需要有一條別的路(另闢蹊徑),以消除這個使人們於其中萎縮而不是自我展開的死胡同;該路能解開種種限制所形成的糾結,能化解該糾結的宿命性,從而能使「文化間距性」(inter-culturalité)成為世界的向度——即「製造世界」

（fait monde）的向度。然而如果我們不讓「文化間距性」僅僅留在宣傳效用上，「文化間距性」會表示什麼呢？如果我們想把它做成能表達人類一種共通的未來之倫理與政治用詞呢？我們都知道，文化性的事物向來都是獨特的：一種語言、一個時代、一個圈子、一場思想上的探險、思想裡所凸顯的一種冒然大膽之舉，等等。因此，這個眾多文化「之間」的「之間」——就像一種文化的內在性（只要該文化被視為一種文化）——必須表示什麼才能產生既有操作性也有互動性的反思性之面對面，讓人可以展開種種獨特文化之間的間距，以至於這些文化獨特性在互相觀照時就能確實地「交流」？我們難道不曾太隨便就高談闊論著文化「對話」[1]，並駁斥今天威脅我們的「文明衝撞」（clash），但沒有探勘「對話」是否可能成立的條件？因為首先得問，所謂的文化「對話」是用哪一種語言進行的？

　　文化間距這個問題一開始就引起哲學的關注，因哲學相信它自己有權立足於普世性裡（即它具有普世性）。該問題吸引了哲學之核心或中心或更好地說哲學的「之間」，如拉丁文裡 inter-esse（être entre）「在之間」所表示的，意指「引起興趣或關注」。該問題不是以次要的或邊緣的方式或像人們會說的「比較方式」引起了哲學的關注——因為「比較」總是留在外面，總是修飾性的，而不會引起任何作用。哲學此後就因其內部的需求而被要求走出歐洲境外，越過歐洲的語言和歷史以遇見歐洲在自身裡面從沒想過的其他語言及其他思想。在這種可能性被淹沒在人們所說的「世界性的」——不是普世性的，如人們樂意以為的，而

是劃一的並標準化的——思想裡之前，誰能反對走出歐洲不是迫在眉睫之事呢？來自「他方」的「資源」讓哲學發現了其他可能的思考途徑，或說，發現可思之物其他可能的輪廓。隨後，那些資源會就哲學沒想過要質疑的事物去質問哲學。哲學沒想過要質疑的事物不僅關於哲學所思考的，也關於哲學不知道它沒想過的，它沒想過要思考的：哲學因此錯過了這些沒被它想過的事物，不是嗎？

對哲學而言，那可是遠遠超出了批評哲學史裡的某個新時刻。因為對哲學而言，那正是促使哲學終於走出了它的歷史框架，既離開了它的默契也離開了它的祖傳性。那些來自他方的資源，讓哲學反過頭來從外部去自我反思，首先反思那些讓哲學之所以湧現的獨特條件，邀請哲學去探究它本身隱而不言的選擇，即埋藏的成見，但天真自然地外顯為「不喻自明」（即古典時代的「自明光（自明性）」），換句話說，就是哲學的「未思」（impensé）：就是哲學在不知不覺當中據以思考的東西——從而使哲思理性重新回到工地上。在整個二十世紀期間，歐洲最重要的哲學家——從胡塞爾到梅洛龐蒂再到德希達——都好像在邊界上瞥見了：哲學曾經有過一種「西方的」命運——然而此刻「西方」意指什麼？他們首先要問，在存有本體和邏各斯兩者聯合的向度裡，即

---

1. 根據作者朱利安的解釋，希臘文 dialogue 中 dia 表示「面對面、間距」和「發展過程」，logos 表示「用語言進行邏輯推理」，希臘人認為兩方越有間距，他們的論證就更有張力也更精彩。朱利安認為「對話」暗示雙方一唱一和著談話，無法譯出 dialogue 的本義；建議譯作「間談」或「間話」。本譯作裡用「對話」時，暗示貶義；用間談時，則表中立或褒義。——譯註

17

「存有本體論」（onto-logie）和「邏輯中心論」（logo-centrisme），該（「西方的」）命運指的是什麼？同樣的擔憂早就折騰過尼采（第一位哲學訓詁家）。如眾所知，黑格爾在他的《哲學史》裡讓哲學誕生於東方（太陽「升起」之處），他這麼作卻是為了使哲學實際上成就於西方：日落時，智慧女神密內瓦的貓頭鷹（la chouette de Minerve）起身，並在希臘人創立的概念裡變成了思考的主人和工具。然而，我們當今的新時期已展開了，必須使來自他方的多種語言和思想積極地介入「可進行哲思的事物」（philosophable）裡。

　　然而當我們說（歐洲）哲學必須「去遇見」其他的思想，這個說法太容易了，因它預設了思想已被調和的可能性。因為如何使以不同語言所表達的思想之間確實地發生關係呢？特別是，如果兩種語言不屬於同一個語系（譬如印歐語系），再加上形成兩種語言的文化脈絡長久期間裡互相漠視。如何做才能使這兩種思想「確實地互相敞開」，使它們甚至能從對方的角度出發去聽見另一方的道理，而沒有把他方的多種道理隨即轉入自己的成見網絡裡，或說，轉入更上游的「事先想過的」——事先觀念化的、事先假設的、事先質問過的——網絡裡，而且雙方都可能發生這種情形？「理性、理由、道理」（Raisons）：這詞彙豈非來得太早了嗎？它本身豈非過於狹窄——它豈不早已必須被重新打開並被探查嗎？在此情況之下，我們如何使一位基督徒哲人和一位中國文人「交談」呢？馬勒布朗旭（Malebranche, 1638–1715）時代就有人提議這麼做，當時歐洲發現了中華並為之震驚。這個震驚不僅僅發生在神

學論證或高級宇宙生成論的層次上，還發生在個人內心深處靜默的信仰上，或者更奇特的也許是，就中華而言，發生在非信仰的視角上。的確，如果說中華文明早期曾經像別的地方也出現過某種上帝形象，但該形象很快就被消納了，因此沒發展成宗教信仰，不是嗎？

　　一般說來，如何使有關生活與思想的兩種經歷能面對面互相了解，甚至一方乃通過對方才被理解，而與此同時，它們各自互不相干地發展；而且當一方遇見另一方時，因早期碰到了許多困難才開始在另一方的語言裡逐漸表達自己？除非一開始就安置了某種普世性的事物——然而這麼做的話，該事物只會有意識形態而沒有邏輯性的內容——，除非假設一種已經給出的人性，否則我們只能永遠在其中冒險地摸索前進。然而，每一次的探索，那兩種經驗就激活了人的思考，它們使人於思想的未思當中暈眩地質疑思想本身。如是，相遇之後最先會呼喚彼此相近和修正、評論和解釋，隨後慢慢地逐漸組織「之間」——文化間距的之間——人們就在這之間裡交會。所以，人們的相遇交會乃通過鍥而不捨地建構「之間」而促成的，最先就是通過翻譯，至少我們理解翻譯不是一下子把一方歸入另一方，把一方的語言轉入另一方的語言，而是使雙方的語言因對方而「越出」（déborder）了自身固有的框架，從而開始安排它們「之間」可能發展的條件。從此才能漸漸藉由彼此的理解能力而耐心地清理出一個在經驗上和在思想上雙方可共享的場域。否則，人們以為「對話」了，但是人們甚至還沒碰邊（aborder，即處理或進入話題）呢。人們將留在偽對話的仿真造假當中。這點可不僅僅關乎過去

的歷史，不僅僅涉及當下要遶過的暗礁；在今日全球化的交流機制當中，那種危險還很可能更大更凶。

2

　　帕斯卡（Pascal, 1623-1662）《思想錄》裡的一句話能典範地指出文化之間所打開的間距，該句子以二選一的方式極其精簡密集地說出：「摩西和中華，哪一個較可信？」[2] 此二選一，因其碰觸了信仰的核心、大寫的真理之內部深處，就更具有關鍵性。馬丁尼神父（le père Martini, 1614－1661）以拉丁文撰寫的《中華史》的確就把他所接受的中華紀年史的第一個朝代定爲比《聖經》所記載的巴別塔語言四散以及大洪水之後人和生物的繁衍歷史早了六百多年。如是，在地球的另一端有一個別的歷史與「我們西方的」歷史平行地發展開來，並且沒融入西方的歷史，甚至沒參照過西方的史事。在那之前，歐洲的確認爲人類的歷史起自我們「最初的父母」亞當和夏娃，隨著《聖經》的重要故事而起伏，在埃及和美索不達米亞之間展開，隨後碰上了希臘人和羅馬人的非信徒歷史，基督降臨使其一分為二，之後擴展直到「我們」。然而一種與之不同的人類文明發展（在帕斯卡的句子裡），此時與西方文明面對面地展現了，和我們西方文明同樣古老並且「忽視」我們（不知我們

的存在）。歐洲思想自以為其理性是普世性的，並接受了對全人類所頒布的永遠神聖真理，然而在該面對面，歐洲思想沒受到那種不同於它的文明從根動搖的震撼嗎？「震撼」（Ebranler）是一個強烈的詞彙，因為歐洲思想此時不只是被批判、被駁斥或受到反對——它早已習慣於抵抗，矛盾抗爭之所以還能被掌控，就是由於它在一種給出的面對面裡、在一個相同的思考框架裡為人接受。「震撼」意指根本上發生了動搖，而人們甚至不知道來自他方的搖撼究竟會把其根本動搖得多深：我們眾多真理的底層突然晃動起來了，而我們的真理都建立於該底層之上。所以帕斯卡的那句話具有危險性，因它質疑、碰觸了不可碰的事物；帕斯卡隨後把它抽出來，把它劃掉（出版時被加上了括號）。

　　被忽略的「他者」如是頓然在思想裡打開了一種二選一，並且這種二選一因其不穩定而更令人百思不解：它的對等甚至因為它的不對等才有了張力。一邊是我們歷史中最熟悉的人物之一：「摩西」。另一邊不是某位中國夫子（孔子？）而是「中華」，這是帕斯卡幾乎一無所知的思想國度，但他已經隱約看到了思想視野最遠處湧現的挑戰。該書的出版商（Léon Brunschvicg）還特別註明指出，他不知道帕斯卡將如何展開他那些關於中華的看法，就其現狀而言，「這些粗略的指涉微不足道」，他說那只是帕斯卡個人「永不疲憊的好奇心」使然。事實上，在帕斯卡之後，博敍耶（Bossuet, 1627－1704）在他的《寰宇通史》一書裡還隻字不提中華——這就讓伏爾泰（Voltaire, 1694－1778）莞爾一

---

2. 《思想錄》（Pensées），Brunschvicg 出版，§ 593。

笑了。帕斯卡那句話儘管簡短，倒是因它讓人看到了重要的一點而打得特別重：就是說，自我呈現為普世的基督教真理，不再被否認並被倉促批判，而是被安安靜靜地漠視了。它突然變得可疑，不是因有人提出反對它的論證，而是在別處有一種明顯高度發展的文明完全不需要基督教的真理……。

那麼，面對這個驚慌，帕斯卡甚至在信仰的核心之處開啟了一條人文科學之路，或更好地說，唯一值得走的路：在中華傳統與歐洲傳統之間所立起的面對面，中歐雙方終於經由傳教士而小心翼翼地產生了關係，帕斯卡說：「絕不可粗略地看待這件事」，此點只會是「晦澀難懂」。一般性的比較做法於此遠遠起不了任何作用，所以必須從事一種縝密的、耐心的、充滿熱情的研究，必須擔心自己從未知道得夠多並且不停地登錄所知。帕斯卡回到此點並在結論裡說出他的思考方法的唯一規則：「必須仔細觀察，必須攤開文件」。「攤開文件」（Papiers sur table），就是在「細節」當中探察，最先就是在語言的凹處、在被偵察到的困難裡、在具有啟發性的微小事物裡探索，才能捻出「間距」（écart）。只有在思想「田野」進行近距離的考察，才能有所進展。否則，我們將無法使自己的理解能力向可能的他者性敞開；我們因此總是宿命地把我們自己不懂得去質疑的事物投射到他者身上，因為這麼做太容易了。

3

「摩西」。我們想過如此熟悉的「摩西」在文明史裡所具有的獨特
價值嗎？在文化層面上，「摩西」究竟是一個多麼奇特的人物？摩西
作為以其命名的獨一神教之創始人（「摩西」教），不准人們製作屬
靈之神的形象，因此這個宗教與它周遭的埃及文明做出了去相合（dé-
coïncidant）[3]，這可叫人驚愕不已。摩西不僅僅是一個民族的首領，是
這個民族的導師也是它的律法頒布者；最重要的是，在《出埃及記》
裡，摩西還是神的命令的執行者，摩西被神揀選來引領神的子民，神把
其關於猶太民族的計劃交付給摩西，而這個計劃就成了摩西的命運。神
把律法和十誡囑咐給摩西，神特別行使奇蹟以確認摩西的領袖角色：就
是使摩西的杖變成蛇，又使蛇變回杖。神非但對摩西說話，還和他「如

———
　　3. 去相合（dé-coïncidence）是作者朱利安於 2016 年秋天為臺藝大創辦的首屆
大臺北國際當代藝術雙年展以客座策展人身份所提出的展題。他於 2017 年在巴黎出
版了 Dé-coïncidence, d'où viennent l'art et l'existence（卓立的中文譯本《去相合：
自此產生藝術與暢活存在》於 2018 年由臺北開學文化出版公司出版）。從此之後，
朱利安出版了一系列以「去相合」概念為基礎的論著。他也於 2020 年九月在巴黎創
立了「去相合協會」（Association Décoïncidences），目前已有三百多位會員，其中
有哲學家、藝術創作者、精神分析師、管理階層、建築師和園林造景專家、法律教
授和專家、作曲家、劇場導演、翻譯家、出版人等等。要理解這個概念，請讀者參
考《去相合：自此產生藝術與暢活存在》。簡要地說，我們只有（不得不）脫離（打
破）現有的相合相符狀態，才可能開闢出新的可能道路、新的發展途徑。去相合不
是一下子推翻或逆轉現狀，而是用看似微不足道的小小移動，漸漸地使僵化的局勢
重新能轉動起來。——譯註

朋友」般地交談；摩西甚至讓神後悔犯了錯。神與猶太民族的誓約乃通過摩西結下的，摩西也是最靠近神的人：他在與神會面的帳篷裡或在西奈山上感受到神光。特別是，有一天，在人的極限之處，神向摩西展現其「美」：摩西與神面對面，但背對著神，沒看到神的正面，因為「沒有人能看到我而還能活著」。

　　「摩西」因此具有非常深廣的象徵價值，隨著時間的推移，他累積了很多張力，甚至累積了許多矛盾，但隨後被融入了他的個人形象裡，以至於我們不再停下腳步來仔細看待他。以至於摩西的故事裡就集結了「我們的思想」裡所有戲劇性的東西，人們稱之為「西方的」，摩西使「西方的」濃縮成一個獨一無二的命運，甚至使它與其憧憬「相合」。「摩西的一生」事實上就是一座永不竭盡的詮釋之井，因為這些詮釋本身甚至就是「屬靈生活」的結構，就是「西方」一而再、再而三地以不同的方式所構想的，雖然也混雜融鑄於摩西這個獨一無二的大熔爐裡。在希臘人（菲隆〔Philon d'Alexandrie, 約公元前 20 - 公元後 45〕）的眼中，「摩西的一生」表達了屬肉體的生命之淨化過程以及不可觸及的存有本體的神祕與光照。這一生也讓人發現了轉向神的靈性路程之典範：《出埃及記》整本書可被讀作神修者的遷移過程。或者，與其在「摩西的一生」裡看到邏各斯（即理性推論）的使命，人們倒是可以看到基督作為歷史人物的來臨（保羅的思想裡）：此刻，渡紅海就是洗禮；變成蛇的杖就是道成肉身的基督。這不再是神修主義（信仰狂熱）的詮釋，而是類型學的解釋：摩西交叉的雙臂形成一個十字架，所以摩西律法早

已預指十字架，等等。

從此以後，「摩西的一生」被寓意化了，變成了永不竭盡的元型，人們可以把所有的東西跟它扯上關係：例如，法老王無法生育的女兒代表哲學，草籃子表示教育，等等（請參考尼撒的貴格利〔Grégoire de Nysse, 335－395〕）。因為摩西比其他的人更能代表「邊界」之人，在人群與神之間扮演調節仲介，給人類永久地畫出了神是不可見的並永遠不可碰觸的。如果說摩西在多次靠近神的光照之後，還懇求神對他顯現，神此刻同意摩西背向神以見神，這也表明神再次向摩西顯露，可人們不能獲得神的無窮性：對摩西而言，想看到神的欲望於此滿足了，可這個欲望也沒因此止息。那分承載了「西方」——它的欲望形式——的宗教張力就在這個折疊裡。要嘛，當人們停止信仰時，摩西還是他們的參考對象。摩西是父，在弒父理論裡被尊為父（佛洛伊德的摩西）；摩西強迫人放棄可感覺的事物以便崇拜一位不可見的神。從此，他就壓抑人的本能以便在人之上樹立「超我」，此「超我」要人們以犧牲去取得一種彌補性的滿足——系譜上，宗教和捨棄在此結合了：摩西下令割包皮，這只是象徵性地取代閹割。「摩西的一生」含有三條主線：把禁戒內在化成宗教、苦行道德、昇華。然而，我們會說，這三件事造就了「文明」。但是「所有的文明」都真是如此嗎？或說，面對「摩西」，中華文明是什麼呢？

4

一方面確實有歐洲古典時代所稱的「中華案例」（cas chinois）：
就是說，一個例外，它不僅會打亂歐洲文明所信奉的事物，當我們更
靠近看時——「攤開文件」，更深入地細察這個特例時——它還會動搖
歐洲文明的基層。很多理論上的成見早已沉澱在那些基層裡，而歐洲思
想並不自覺；與中華相遇之後就使那些成見頓然湧現。如果說中華文人
全然不知「摩西」，不知道摩西的元型角色以及他所象徵的內容，這正
是因為中華文明另有其歷史發展。當「復興的」歐洲以征服者姿態開始
走出它的邊界，最先乃踏上了美洲新世界。歐洲在此處發現了一個空的
世界或者說它把該世界掏空了，它把當地人趕盡殺絕並迫使他們改信基
督教；不管怎麼說，該新世界無法抵抗歐洲。這個新世界沒有歷史記載
也沒有文字書寫，沒有任何明顯的文明機器。那些被發現在海灘上裸
體的生物有靈魂嗎？最佳情況之下，他們是我們之前的「我們」，即
原始人類，是停留在靠近亞當狀態的人類：「善良的野蠻人」（le bon
Sauvage）。面對這些人，唯一的二選一之做法是，如我們所見的，他
們是還沒進入文明的一種人類，所以理當用我們的形象來塑造他們，不
是嗎？或者，他們可能是一種人類，還沒被文明洗禮因而接近自然狀
態，並叫我們想起我們天真的始祖，不是嗎？這些在世界另一端的人類
會令我們驚訝，但不會令我們不安。他們必須被馴服，但他們不會打擾
我們。但是當歐洲船在發現美洲大陸不久之後於十六世紀初登上了中國

南方海岸時，情況卻完全不同：「廣東比巴黎還大⋯⋯。」

　　當歐洲人登上中華大地時，他們這一次發現那不是一個虛的世界，而是一個實的世界。這個世界甚至充滿著許多活動：他們那時候對那些活動還一無所知，但是他們看到這塊大地發展得很好，甚至被它嚇壞了。確實，馬可波羅在十三世紀時曾來到中華，但是他對蒙古人統治的華夏所做的描述卻很大部分是幽靈般的：馬可波羅陸上行旅過程當中看到不少重複景觀，於是「中華」很難脫離他先前穿越的地區留給他的印象。但是風和日麗之下從海上登陸，這可是全然不同的景象：此刻受到的震撼是迎面而來的。歐洲人頓然發現了一個非常遼闊並強大的帝國，極其古老，人口、城市、道路、運河、港口和船廠、花園和宮殿都很多；它的製造業和貿易很吸引人；被一種非常有組織的文人官僚行政體制管理，我們稱那些文人官僚為 mandarins。這個中華世界並沒期待歐洲人的到來，也不想讓歐洲人打擾它，它唯一的希望就是那些外國鬼子努力地使中華容忍他們。他們必須學習非常難寫的中文，必須敬仰皇帝，必須守「禮」，必須讀經；總之，就是「漢化」。

　　胡安・岡薩雷斯・德・門多薩（Juan Gonzalez de Mendoza, 1545 – 1618）於十六世紀末在羅馬出版了西班牙文的《大中華帝國史》，隨後立即被翻譯成其他的歐語，就是這本書裡最早描述了中華這個有別於歐洲的世界。看過該書的蒙田就在他的《試筆集》[4]書頁邊寫道：

中華帝國的警政和藝術與我們的毫無任何交流和認識，
在多個方向卻超越我們，該帝國的歷史也告訴我世界是比我
們和我們先人們所知道的還宏大並更多元的。[5]

更「宏大」並更「多元」：歐洲人所發現的中華這個他方，還能被
拉回到「普世」（也就是「相同」）的範疇，而接受我們的理性加給它
的羞辱條件，若不能的話，它的他者性（異質性）會是什麼呢？此刻文
化「他者性（異質性）」表達的內容會是什麼？如果說「外在性」是觀
察到的，「他者性（異質性）」則必得反思並被建構的。這點最早時只
呈現為細微的間距、只是小小的移動，但一旦被深挖，它們就互相聯繫
起來並分枝擴展出去，從而越出了我們的語言和思想框架。

「中華」這個案例既是獨一無二也是典範的。它的獨特性就在於，
中華文明和歐洲文明兩者的實力是均等的，並且它們相遇之前沒有任何
媒介事先為其做準備。它們的相遇沒立即帶來戰爭和主宰，如在別的地
方所發生的，而是促成歐洲人耐心地去努力理解中華，最先就從翻譯開
始：傳教士必須開始學習對方的語言。因此，關於要發展的文化間距性
工作，可以說該相遇提供了極佳的啟智典型，從這方面來說，它甚至比
十九世紀因鴉片戰爭而有的第二次相遇更寶貴，鴉片戰爭時的歐洲對
中華只有武力和殖民關係。眾多的傳教士書信都佐證了，中華與歐洲的
相遇最早時的確有過文化「震撼」，從而啟動了逐漸化解種族中心論的
認知過程。從前中國絲綢雖然已經傳到羅馬，但是在羅馬的人並不一定

摩西或中華　Moïse ou la Chine

知道那是「中國絲綢」：在龐大大陸的兩端之間，先前很長時間裡互有影響，但是以間接的方式，通過眾多中間人的傳遞而達成的。不過，一旦歐洲人在某個風和日麗的日子登上了中國南方的港口，立刻有了面對面，他們開始互相細看對方。

此時歐洲人在自我認知裡開始「反思和反映」了，慢慢地進行細分；很多歐洲「知識份子」都受到影響。從蒙田（Montaigne, 1533－1595）到帕斯卡，再到萊布尼茲（Leibniz, 1646－1716）：萊布尼茲寫道，凡是人們能從中華學到的，包括微不足道的事物，「甚至他們的遊戲」[6]，都像關乎「另一個星球的人們」，帶來了「可觀的照明」，比起我們從我們的古人所學來的形成了目前的「人文」還「更有用」。孟德斯鳩（Montesquieu, 1689－1755）得知「中華案例」而為中華之聰明感到驚訝，因它未曾融入希臘人所留下來的政治體制理論遺產，孟德斯鳩因此重新審視該遺產。孟德斯鳩也預見了：「此處還有一件相當可悲的事情：就是基督教幾乎永遠不可能立足於中華。」[7]這預見尤其珍貴，他的洞見確實很突出，就是說，他已經看到了出於文化因素，基督教在歷史上、原則上從頭至尾傳給所有人的「普世」佳音，卻在中華碰到了歷史和地理上的極限，也因此碰到了理論上的極限，而且那不是因為另一種宗教（伊斯蘭教、佛教等等）已經占據了該地，而是因為那裡很可能

---

4. 作者強調「essai」所含的嘗試意涵，認為譯作《試筆集》較合適。——譯註
5. 《試筆集》第三冊，頁 13。
6. 〈致 Verjus 神父信札〉，1705 年 8 月 18 日。
7. 《論法的精神》（De l'Esprit des lois），第 19 卷 18。

根本不期盼宗教。

「神」就在此刻進入了人們的討論。「神」正是歐洲思想最後關頭時之至要關鍵，神是歐洲的「偉大客體」（博敘耶的說法），這情形一直持續到古典時代末期，在那之後，現代性則藉由擺脫神而啟動了。自希臘人以來，思想就是繞著神觀，在「神學家」（théologiens）與「博物學家」（naturalistes）之間既結合又分裂：神觀既是他們聚焦的極點，同時也是他們之間最強烈的對立點。在歐洲人眼裡，特別是繞著神，如摩西所遇見並揭示的，繞著神所安排的絕對性決定了每一個人的命運以及人類全體的命運。不管是相信神或拒絕神，歐洲人在思想上的努力和興盛之高峰都凝聚在「神」裡面。今天，當人的神觀被撤掉時，我們能更明確地衡量這件事實：在歐洲，通過哲學和神學，亦即把神理性化或寓意化，「神」都被用作人們生活的關鍵基石。黑格爾還在他的《美學》裡說，不同於宗教，哲學「除了神之外沒有別的客體（對象）」：由於哲學計劃探索真理，哲學本身就是「常態性地服務神」。

或者相反的，神可能是對我們的質問給出的一個粗暴的回應嗎（如尼采提出的質疑：eine faustgrobe Antwort）[8]？倒不是假的或騙人的回應，若是，我們還因需要駁斥神而不得不憑靠神，也不是太龐大或太「粗糙」，而是像一個緊握的拳頭被卡住（《浮士德》裡的形象）：這形象既是太整體性也太初級了，因它一開始就限制了質疑場域而顯得膚淺並缺乏「細致」，懶惰地給可思的事物一個最初的形象（也就是說，神限

制了一切）。在歐洲人們縈繞於心地匆促固定於其上，它因此使人的思想遠離了他們可以探險其他「可能」的路徑。中華這一邊如何呢？如果說神觀沒在那裡發展開來，會有哪條通往思想的其他道路呢？如果說神不在中華大地，那裡會出現什麼別的景觀呢？神從中華大地隱退了，不再為人關注，這是否很早就發生了？由此看來，如果該問題似乎很早就出現，這倒不是僅僅因為歐洲與中華之間最早開啟的對談內容就是關於神觀，而是首先因為關於神的問題，甚至在我們能給出任何的回答之前，它是最能在深處使「我們的」思想「折疊」（plié）[9]的問題——我們以為我們的現代性已經拆解思想的折疊了（dé-pliement），但事實真是如此嗎？

5

神的議題是最重大的，這不僅由於所有其他的提問都從它而來，或者因為希臘人或猶太人或阿拉伯人本身都關注神的議題，或者因為該議

---

8. 尼采《瞧斯人也》裡〈為何我是如此有洞見能力？〉（Ecce homo, « Pourquoi je suis si sagace ? »）。

9. 此處的「折疊」不是引用德勒茲的說法。作者朱利安強調人的思想裡面都是層層加疊，互相支持，也因此沉澱成思想的底蘊，被人以為理所當然，不再受到質疑。歐洲人的現代性（高舉現代性的歐洲人）就是拆解了歐洲思想當中的折疊，亦即一些人們先前沒質疑的部分。作者質疑事實真的如人們所以為的嗎？──譯註

題最具有代表性或它是我們思考時最先想到的，或者不管得到的回答是什麼，它總是懸在那裡，就像它開始時早已懸在那裡。它之所以是最重大的，也因為思想上第一個分岔就被安排在它裡面，就是最基本的二選一：神（單數或複數）存在或不存在。神（單數或複數）「存在或不存在」——神（單數或複數）「存有或不存有」——確實有權作為首要的問題，因為它會使後來的一切不可逆轉地往左或往右發展。我們也因此會一開始就想要挑戰該問題。普羅塔哥拉斯（Protagoras, 公元前 481－411）的《眾神論》是希臘人當中首次以邏輯形式提出該問題，所以只能用它作為開場白：

> 論及眾神們，我無法知道他們存在或不存在，也不知道他們的外貌。太多的事情阻礙我們知道：關於神的問題晦澀難明，而人的生命太短。[10]

　　所以，被名為「神」之思想，以作為思想的第一個詞彙，「神」最先就必然與「être」這個動詞一起被論述，「être」也是所有詞彙當中最重要的詞，希臘語文和思想就按照該詞被折疊。希臘人正是從「être（存有）」這個詞出發去上游質問可思的事物：「存有」或「不存有」（「存在或不存在」），「to be or not to be」的確是最基本的二選一。談到有關神的「想法」，從神的外貌到神的概念，就是關於神的「理念」，普羅塔哥拉斯確實提出了強而有力的想法，而且事實上與德謨克利特（Démocrite, 公元前 460－370 ）的想法相近，就是，使該問題永

遠保持開放狀態，或者偏離了它。從此之後，從希臘人到基督徒，人們在思想裡必須付出很多努力，為了把神的存在安排成大寫的真理以便說明「神」「存在」（« Dieu » « est »）——這就使得亞里斯多德成了偉大的思想家——：也就是說，宇宙運動的原始之處必然存有某種最早的固定實質。如是，神存在的證據就聯手相傳，被人毫不疲憊地重組再重組，直到現代性的門檻（亦即直到康德），以便作為支撐思想的基石——這是在基石底部的想法崩潰之前的情形。

或者我們轉向歐洲思想的另一來源，就是希伯來——《聖經》源頭，這個源頭的神被封為聖，因而「être」這個動詞再一次以不同的方式扮演著奠基者之角色。此處不再是關於神存在不存在的問題，因為神說話了，而是關於如何稱呼神的問題。摩西問神關於神的稱呼時，神回答摩西：「我是那個我是」。語言很能啟發人的思考。希伯來文裡神的名字，耶和華（Yahvé），其意涵是從「être」這個字去理解的，該字意謂：「我是（我存在）」（je suis (èhyèh)）。後來的以色列人說：「他是（他存在）」（Il est, yahavèh）。我們把它註解為：「我是其所是」（或「我是，因為我是」），這句話折疊在自身裡，從而把神的存在保持在他的神祕裡，同時也表達了神的實況。希臘文把該句翻譯成「我是其所是」（Je suis celui qui est，希臘文：ego eimi ho ôn ἐγώ εἰμι ὁ ὤν），那位靠己而在的，並且永久如是；這個翻譯就使該句轉入存有本體論裡。教會

---

10. 《蘇格拉底之前的思想家的殘片斷語》（Die Fragmente der Vorsokratiker, Diels-Kranz,），Diels-Kranz 出版，第二冊，頁 1000。

聖師們解釋傳統時只強調「神『是（存在）』」的事實，而不關注神的本質性，即「他是〔誰〕」，因此藉由神的「超越性」而越出了我們的認知能力範圍。然而神觀也從此被折疊在「être」裡面，因而導致人能否思考神，也不得不依據「être」一字所給的可能性，從而使思考神的可能性頓然反轉成對「神是（存在）」的先決性提出質疑，使「神」甚至在神觀裡落馬了：就是說，如果像在中文裡，「être」沒有絕對性的意涵、沒有存在的意涵（而只有謂語功能），如果我們不能用中文說出（具有絕對性的）「我是」，神會變成什麼呢？把歐洲文明承載得非常遠的道路當中哪一條會因此立刻被阻斷？或說，人關於「神」的想法還有任何機會去開展嗎？

　　語言會思考，它在我們思考之前就思考了。這不是說語言決定思想，而是說思想開採了它於其中進行思索的語言資源，語言按照其自身的思維折疊而事先安排了人的思維。每一種思維都反映了語言，同時也拓展了語言。而中文並沒從說出「être」、使「存有」與「不存有」對立的可能性出發去拓展可思的事物，中文非但不重塑有關神的問題，它首先就不提該問題可不可能成立的條件。在歐洲的確還有哪一個問題曾經比知道「神是否存在」以更具有戲劇張力的方式被提出來嗎？帕斯卡以為他自己說得合乎邏輯，就是關於該問題，我們必然得「打賭」（亦即「摩西和中華，哪一個更可信？」），此刻再一次，二選一是決定性的。在《卡拉馬助夫兄弟們》裡，如在其他地方，「當我聽到〔神不存在〕，這樣的說法叫我感到害怕⋯⋯。」或有人說「如果神不存在的

話……。」又或，尼采在《瞧斯人也》（Ecce Homo）裡說：「司湯達把我腳下的草除掉了，提出了無神論者最好的說詞，一個可能由我說出的說法：神唯一的托詞就是，他不存在」。那麼，此刻神存在的問題，就等於是眾多問題的問題，在所有的問題之前的問題，可這問題在中文古文裡卻找不到立足之地，以得到安置並具有價值。神存在的「證據」在中文裡能發展、甚至能有合宜性嗎？此刻我們才開始想像早先登上中華大地的傳教士們要叫那裡的人們聽進去基督教普世福音而碰到的困難會有多大。此外，那些傳教士們也自行發現他們早就受到語言的內在牽制、他們的理智與這些牽制交纏難分，也懷疑他們的語言本身的選擇，並質疑他們的語言在他們毫無察覺之下支配著他們思考。必須「攤開文件」，就是說必須從實際的翻譯工作開始。不是因為有原則上的「不可譯的」事物，而是必須耐心地在語言「之間」下功夫，以便使一方向另一方敞開思想上新的可能性。

因此必須對「神」提出質問，不再是向「天」探問，而是在語言裡，在最貼近之處，由於問題就在語言裡：在語言裡，或更準確地說，在語言「之間」，亦即在語言之面對面裡，這面對面則會促使語言在各自的資源當中揭露自己的真實面貌。就是在此處啟動了文化之間的「間談」：語言在雙方的間距裡互相拓展，以探索它們各自的述說能力。所以不是把我的語言強加給對方，而是使我的語言折入他者（對方）的語言裡，以便使一方因另一方、一方通過另一方去衡量那些在我的語言裡沒被聽見的可能性，而這些可能性只有在另一種語言裡才聽得見。中文古文沒

有「我是」（je suis）這種絕對形式的措辭，這句「我是」具有存在意涵；中文古文只有「我在」（je suis là）或「我存在」（je subsiste）這類狀語形式的句子，現代中文自從與西方相遇以來便使用「存」和「在」來一起翻譯「être」。我們在孔子的《論語》裡讀到「祭神如神在」[11]，此句裡甚至關於神明的問題都沒想過，神的問題在該句裡自行消解了；唯一重要的是內心通過禮儀而投入，（關於神的）問題的尖銳性因此一開始就被消除了。「如」這個字就夠了：如神在……。「如」甚至不是哲學性的「如」，不是發現性的或逆來順受地接受必要性的虛構（即胡塞爾的或佛洛伊德的 als ob）。因為（對希臘人而言，「在」就是「在眼前」），既然該句裡沒提起神明們在不在的問題，關於神的問題還需要被提出嗎？

或者，在中華，人們嚮往「道」以於其中探索本原（l'Originaire），可人們就像注視一座井的井底，因此看得模模糊糊的：道太深了以至於看似模糊不清。《老子》說：「淵兮似萬物之宗」[12]、「似若存」。再一次，這個模糊如其是的「若」，本身就自足了。這不是說人們懷疑道的真實性，以為道只是一種假設；而是說，在清理道內部運作的多個特點當中，只能回避對道的期待，因它恍惚而難以捕捉；所以沒有什麼需要被截然一分為二（希臘人則是於存在或不存在之間做出分辨），道「微妙」綿綿若存[13]。道所說的萬物無底之本只稍稍顯露，就讓人瞥見所有的「過程」之綻露如一種常態性的更新，自此生出現實萬象。這是為何《老子》第四章結論之處暗示說：「吾不知誰之子，象帝之先。」在上

溯到本原的過程當中，「être」的問題就消解了；因為定義、謂語和指定的可能性便淹沒在該過程裡；於是，「至上」、「主」、「神」之類的稱呼裡的「神」之特質再也無法被明確指出來。「神」觀在歐洲其實也是模擬兩可，可是人對它的界定反而使它變得獨一無二。甚至，人關於神的想法之內在分裂不也使得該想法因其強大的內部張力而迄今還主宰著我們，或說它不久前才衰弱而已？

---

11 《論語》〈八佾〉12。

12 《老子》第四。

13 同上，第六。

二．「神」或西方的
主要大事

1

　　當我們說出「神」時，不管我們信或不信神，我們至少相信我們說了什麼，或者至少相信「神」這個字的意思不同於其他所有的字；在這情形之下，該字與其他的字之間的差別都是等距的——也就是說，沒有任何一個字與它相近。差別甚至一開始就公開地被安置在該字裡，此後，在語言這塊恆常變動的土地上，該差別建造了「神」這個字的牢固基座。於是我們說神難以捉摸，我們認為神是不可思的；即便如此，「神」這個字因它與其他的字詞（所有我們想像得到的字詞）打開了深淵般的間距而仍然強加給我們它獨特的命運：它捲在自身裡，它不跟其他的字有所聯繫，它凝聚成一塊牢不可破的磐石。「神」這個字先驗上與其他所有的字分別開來，這就使它成了一座永不被奪取的城堡，不管外面對它展開多大攻擊。即使有人不知道它的意涵，或有人不相信它所表達的內容，至少這個獨一無二的字，在語言互相參照的恆久結構裡，只有它自我參照，它的合宜性只依據它自己：就是說，它與其他所有的字詞隔絕，它便自我稱王。即使在「多神論」之內部裡，該字早也被立為一塊孤立的巨石：譬如 theos、deus、dio、Gott、god，等等。這些字當中沒有任何一個能註解或取代「神」（Dieu）：我們無法想像「神」這個字會有同義詞或取代它的字。因它在我們的語言裡所建立的例外特殊地位和所具有的張力——甚至可以說，可能是最強的張力，或說最不可能的張力，以至於它把我們的語言沖帶著走，不是嗎？——，它憑自

身的密實自給自足。它不和任何其他事物交通，它在自身的統一性裡自我鞏固，至少它隱退時保有其內在一致性。

然而那在什麼程度上是真實的？成就神的「神」這個字的自我凝聚，外表上如此強勢、如此與其他所有可能的字斷然不同，它內部裡難道沒有裂縫或更糟的狀況嗎？當我們細察「神」這個字時，即使它看起來極其一致，甚至在其一致性裡自我封王，它難道沒曝露分裂，甚至雙極式的分裂嗎？不僅神這個「名稱」，甚至該字及其所含的「意念」，「神」這個字難道不是向來庇護了世界上最不明確的想法嗎？它難道沒掩藏自身裡兩個非常不同的方向，而且這兩個方向最終彼此毫無關係，甚至暗中較量並默默地爭鬥嗎？「神」讓人誤以為它是一個整體性的用詞，但其內部卻是一場你死我活的鬥爭，即使外面密封著，該鬥爭難道不是很久以來就一直持續著？按照亞里斯多德的說法──一種意涵就只表示一種意涵，好像這是顯而易見的事──，但是「神」不也反駁這件顯而易見的事嗎？「神」難道不是一個巨大的「指鹿為馬」，不停地濫用我們的思考嗎？從它的雙重意涵、從它混淆的底部產生出它崇高的效果，因而帶來了它神話化之能力以及吸住人的大能。

因為在我「談論的」神（第三人稱，像一個客體，即便此客體是「偉大客體」），和我「向他」發言的神（我對他說「你」，我呼喚他：「我的神啊，你……」）之間會有什麼關係？第一個神是神學上的神，我認定他「是（存在）」（由於無法知道他是誰），這神是知識的

客體，即使它超越了所有的知識，也是理性推理的對象。另一個神則是祈禱裡的神：既然我向他說話，我不需要問「他是否存在」——「他是否存在」的問題事實上就消解了。第一個神是「原則」，被安排在世界的開端，它不只是知識的終極，它還是所有知識的開端和基底。第二個神是「個人」，要去碰見的：他不是用反思去假設的，而是住在人的意識之最深處，如奧古斯丁（Augustin）說的「神比我內心最深處還深」（Deus interior intimo meo）。此處，人並非通過智上的努力去觸及神，亦即用證據和論證去觸及神；個人的神就在人的面前、在每一個面前的當下立即呈現他自己。第一個神是理性上的，被理性推展並呼求，即使最後則要無窮地超越諸多理性的秩序。另一個神則由啟示揭露。第一個神屬於「純動作」（如亞里斯多德說的「思想的自主活動」）；另一個神則屬於「純激情」（被釘十字架的神）。第一個神曾在哲學史的早期使哲學分裂，另一個神在「西方」則大部分來自《聖經》傳統。第一個神是「希臘的」，另一個神是「猶太的」。猶太的神並不來自「存有本體」（l'Être）範疇，而是一開始就來自「越出了存有本體」的「他者」（l'Autre）範疇：此刻，神是大寫的愛，他因愛犧牲了他的本體（son être）（即基督）。第一個神打開了思辨裡最思辨的部分——另一個神則開向存在。第一個神總是準備好要做出無休止的解釋和說明，另一個神則使人得以生活。

2

　　「希臘的神」和「猶太的神」兩者之間缺乏共同衡量的尺度而不可約比。佛洛伊德說，任由「神」這個字膨脹到它和它自己不再有關係，甚至強迫它們兩者並列、讓它們面對面地對立起來，這豈不是最糟糕的「不道德、不誠實」嗎？它們因此就被武斷地形成了二選一，這一次不再是神或非神──或「摩西或中華」之間的二選一──而是在人之神觀的內部裡的二選一。帕斯卡的「摩西或中華」於是再一次引發該爭論──但不再處於一種「思想」的內部，甚至不再是一種像之前所發生過的被抽出並劃掉的想法（由於此想法太大膽而具有危險性）。而是在最貼近也最隱祕的文字裡，帕斯卡把它保留在最隱藏之處，即縫入他的大衣內襯裡。在帕斯卡思想的頂端，在思辨「火焰」當中，在不容別的事物存留的大火裡，真理頓然與人之生合一：人之生便因一夜真理而永遠被照亮。在帕斯卡死後，永遠沒有人會看到的那片紙張，卻偶然被人無意中發現，這張「備忘」紙條把神觀一分為二，在神與神之間一刀切過去：「亞伯拉罕的神，以撒的神，雅各的神，不是哲人和學者們的神」。也就是，在「神」觀的內部，「神」脫離他自身，清除他的異己並揭發此異己。帕斯卡在人裡面給這個神的「異己」一處容身之地：不再是理性，而是人「心」（早在《新約》福音裡就有的 le kardia）。然而最弔詭的是，神的屬性，至少基督教的神的屬性，正是他不專屬於某個人，不專屬於某些人，不專屬於希臘人也不專屬於猶太人（保羅說：

「非希臘人，非猶太人……」）：他原則上只能是所有人的神、獨一的神，才能是神、獨一神、真神。然而，現在最隱藏的又是最有顛覆性的分裂就在「神」裡面；相信「神」，用信心去相信，這是站在神的立場去「反對神」，甚至是在神裡面去反駁「神」。

　　在思辨上，這位原則之神很快就有了系統性的定義，此定義把神建立成歐洲理性的主要支柱，以確保思想的建造並用堵住「不可見的」來使歐洲思想安心。如是，奧祕難測的事物，如果不是被徹底清除，至少被侷限了、被掌控了；亦即幸好有神，祖傳的害怕被克服了，被封為聖的事物不再干擾人了。神在世界之外，同時也把世界分等級地有序安排，神提供了可理解的結構，此結構使不可理解的事物回流入可理解的當中，並被用來解釋萬物的最高憑靠。該定義叫人滿意到不需要修改——人們因此以為那定義永遠是真的。我們在比柏拉圖早一點的畢達哥拉斯派的幾何學家菲羅勞斯（Philolaos, 公元前 470－390）的論述裡找到關於神最早的一種定義，此定義後來啟發了柏拉圖：「的確有一位指揮萬物的主宰，神，太一，永恆的，在休息狀態當中，不動心的，只像他自己並與其他的不同。」[14] 從此之後，神被歸入「存有本體」的謂語之下來理解，成了不再是戲劇化的對象而是論證的客體；從希臘人到斯賓諾莎（Spinoza, 1632－1677），神既是「原因」也是「實質」。所有生出來的事物必然生於某種原因，神乃是眾多原因的起因，或說第一

<hr>

14. 《蘇格拉底之前的思想家的殘片斷語》，同上，第一冊，殘片 20，頁 416。

因（柏拉圖的主張）。神同時又是終極原因，世界萬物及其運動永遠期盼著該終極原因（亞里斯多德的論點）：就是說，神不再是可感覺的實體，不再是物理的客體對象，而是不動的實質，永恆的，在行動中，或是第一動能，世界藉由他挺住，也向著他運行，後來的「形而上學」就專管這個領域。神被樹立為思想的最高點，同時也為思想奠基的基座，神就提供了方便的解決之道，堵住了令人驚慌的質疑。

然而有一天原因和實質這兩個範疇失去了它們的解釋理由；有一天人們證明了，神存在（物理－宇宙－本體論）的證據無法帶來確保的知識（如康德指出的）；有一天人們認出了「存在」（existence）是一種「絕對」立場，它不必被證明，所以無法以謂語形式被提出，人們只能接受它，它不會被削減，結果是它也不會進入任何推理當中（仍然按照康德的想法）；此刻，人的神觀就變成一種假設，甚至是一種在他的尊嚴之下很快就顯出其無用性的假設。神不再是〔萊布尼茲 (Leibniz, 1646－1716) 所主張的〕「充足的解釋原因」或第一原因，亦即被用作思考上衝時的終極目標，以便給所有的推理運作一個起點，並使這些推理在它的範圍之內一起挺住。理論上的便利就是，給眾多無止境的系列劃出終端，既是最後的也是終極的終端，或者把絕對束縛住，並以所有經驗必須無條件遵守的條件來終止思想上的漫遊；然而該便利不再挺得住了。因為與形而上的神相關的資源已經枯竭了，有關它的論證過時了，十九世紀不再關注神觀，而是關注它的歷史性的現象（例如，黑格爾、費爾巴哈、尼采，等等）：神「甚至不再是一個概念」，而是一個「蒼白的字」。[15]

鑒於「神」裡面的雙重性，唯一剩下的問題就是，關於形而上的神觀的毀壞是否會延及它的文化面向，亦即是否會延及相遇和話語之神。也就是說，神不再是原則而是個人，出現在「他者」範疇之下（不再是「存有本體」的範疇）；不再是知識的客體而是愛的對象——不再是人們所談論的對象而是我向他說話並且他對我說話的對象：也就是說，不再是理性的而是啟示的神——亞伯拉罕的神、以撒的神、雅各的神⋯⋯。所以為了把它們挺在一起，語言上就有了這個畸形產物，一種恐怖的張冠李戴嗎？或說，如果神觀有兩種「傾向」，那麼在哪裡有某種連接它們的地方或有某座也許永遠迷霧難解的頂峰呢？這不就是神觀的整個狀況嗎？也就是說，該神觀在人的思考裡所建立的主要折疊，一旦兩個傾斜面當中的某一面彎曲時，這個傾斜面肯定就崩潰了，並在跌落時把另一個傾斜面也拉倒。唯一的出路可能是，使兩個面向之間密不透風地隔開來。西蒙・薇爾（Simone Weil, 1909–1943）早期從事哲學，但像普羅塔哥拉斯一樣，她隨後卻發展出另一種可能性，是她當時完全沒料想到的前所未聞（在她的《等候神》〔Attente de Dieu〕）：「在我對關於神的無法解開的問題之理智探索裡，我從來沒料想過人世上在神和一個人之間會有個體與個體的真實接觸。」此句是作為觀察結論而說出的，是當下的真實，不再有歸納和推理，不再多加什麼或刪除什麼——這就是我所看到的。她的自我認知說，在自我認知的最深私密處有「碰觸」，發現了該「私密」，就是「神捕獲了我」。所以真理不

---

15. 尼采，《能量的意志》第十五章，第 217 條（Nietzsche, Der Wille zur Macht, Volonté de puissance, XV, §217）。

再寫入「存有本體」，寫進它抽象的普世性裡，而是寫入一種主體性當中，此主體無窮地感受到「神」在這個突然湧現的前所未聞的事件裡非常奇特地深入她裡面。對神的信心就在禱告裡，因拒絕沒有出路的知識途徑而得到拯救。但是，說真的，儘管知識建構和闡明的努力，知識能否與主體性的感受斷然無關呢？或說，被揭發的指鹿為馬，即便粗糙，它是否暗藏著一種更微妙的曖昧呢？

3

　　就如人們自亞里斯多德以來公開為之擔心的，「être」這個字在表示存有和表示謂語之間於邏輯上發生同形異義之情況。同理，「神」是否也有「同形異義」的情況，出現在一個被證明的神和一個被啟示的神之間、在證據的神和信仰的神之間呢？但是這次的「同形異義」卻沒被反思，甚至沒被闡明，除了那些曾經試圖擺脫把神觀和形而上連在一起的災難以便解救他們自身的信仰之人，它也沒被其他人看出來。如果說「être」的同形異義情況曾經是邏輯家們的固定點和對立點的話，用相同的字表達關於神的不同想法，情形會如何呢？我們效仿亞里斯多德說，如果「一」不表示一個事物，那它就不表示任何事物；那麼「神」這個字不就肯定變成一個虛字、一個無效的字，至高如它，卻落入了極

端分裂裡，不是嗎？理智的神或交心的神、原則之神或個人之神、知識的神或生命的神，這兩種意涵必得截然二分嗎？或者，它們在某處默默地相連，雙方都轉向某種可能的和好，轉向雙方都指向的「太一」，就如亞里斯多德為了保留「存有本體」而最終提出的該兩者都「轉向本一（根本的一致性）」（pros hen legomenon）。因為在「神」所表示的兩種毫不相干的意涵當中（而且必須小心翼翼地使它們分開），在這個字內部所呈現的張冠李戴之下倒是透露了一種更根本性的「曖昧」，也許是一種雙向性。在雙方之間也許有不可分開的東西被暗中持住了。這就使「神」這個字不會變成空洞，而變成深淵，具有張力，甚至與它自身矛盾，卻因此使它無法被消納，所以無法被除掉，從而能使思想處於懸置狀態。

「神」內部的曖昧甚至滲透了我們認為最理性的哲學家，他們用證據和論證建構神的理念，我們沒看見這件事實嗎？柏拉圖最先把「神」作為「逃」向那與可感的事物隔開的存有本體之形而上載體；他提出的「善的理念」（idée du Bien）在其至高點上打開了一個「超越本質」的無窮向度（epekeina tes ousias ἐπέκεινα τῆς οὐσίας），列維納斯（Levinas, 1906-1995）就依據這點去思考對存有本體的越出以及對他者的開放；這點，我們沒看到嗎？或者，指出如他（柏拉圖）附帶說的「那被神遺棄的」[16]，這是否讓人在靜默當中以更內在的私人方式聽見了某種「缺乏」神，即對神的等待？在亞里斯多德的思想裡，原則的神，本體的神，不是「是／存有」，而是「生命」（zôé ζωή）[17]；（亞

---

16. 《法律》，第四卷，頁 716 b。
17. 《形而上學》（Métaphysique, Lambda），頁 1072b。

47

里斯多德寫道）「他被世界所欲求」，所以他能感動世界，也就是說，在抽象化之下能讓人聽見該愛欲般的欲望（ce désir d'érôs）。又或，笛卡爾把本體論的證據用來推演證明完美的存在，好像存在是完美的本質屬性，其必然性就像三角形肯定具有三角形的屬性。即使如此，我們也看到，理念之無窮性倒是戳破了主體的經驗，藉由懷疑的考驗（懷疑是列維納斯的另一個依據），使主體親身感受到他的不完美：「經驗」會使人去面對人的境況，亦即面對人的有限，此刻，「經驗」有了一種新的意義。結果是，在理智上對神之信念可能有一個更幽暗的扎根、一個更內在也更含蓄的固定。甚至在生活或存在中所感受到缺乏很可能被留在陰影裡，或被理智的神觀重新覆蓋了，可此觀念乃建於其上。神觀所含的曖昧能被完全解開嗎？解開之後，它可以消除嗎？這就是為何神觀之韌性令人驚歎。

　　我們可以把普羅丁（Plotin, 205－270）看作以苦行上修到太一或視他為純粹原則的思辨哲人，也可以把他看作心靈「憧憬」神（ephesis ἔφεσις）的哲人；因他在進展期間全力奮戰要往神上升，並且當他那淨化了的眼神變成了「內在」視象因而終於看見了神，就純樸地獨自與神面對面，他於是感到幸福無比，就用「真正的愛」去愛，用混合了顫慄和狂喜的「辛辣強烈的欲望」（drimus pothos）去愛。[18] 這種「視線的全然改變」涉及了生活當中的一切，它不只是與人的智力有關。大寫的歷史本身就帶我們進入這個模糊地帶，於此，希臘人的智力有助於人在信仰方面的成熟。彼得・布朗（Peter Brown, 1935－）告知我們，那

位使奧古斯丁改信基督教的聖安博主教（Ambroise de Milan, ？－397）讀過普羅丁的論證——普羅丁倒是反對新興的基督教——並公開挪用了普羅丁的句子。奧古斯丁深思冥想過聖安博主教的教導，並深受他的影響，以至於最終放棄了善惡二元論的摩尼教而改信福音之神。此外，我們在何種程度上能看出普羅丁的新柏拉圖主義哲思和俄利根（Origène, 185-253）教會聖師著作裡的柏拉圖式的詞彙之間的間距？俄利根比普羅丁年長二十歲，很可能與普羅丁共師同一位新柏拉圖派師父（即生活在亞歷山大港的阿摩尼阿斯‧薩卡斯〔Ammonius Saccas, 175－242〕）。他們兩人都有通過靜觀去「融入神裡」的柏拉圖式之熱情。所以關於神觀的兩種面向，與其說是兩種傾向或兩邊，倒不如說終究是兩極，「神」在兩極之間產生出張力而存在；它們當中的任何一方對另一方的拒絕，其實仍然帶著其所拒絕的事物的印記，不是嗎？

4

神和神自己是最對立的——「個人」神或「原則」神——，甚至他們之間沒有共同衡量尺度而無法約比，可「神」只能是同一個字，好像該字只有「一種」意涵；「個人」神和「原則」神之間的分離總必須在

18. 《九葉集》（Ennéades），一，6，§7。

49

更根本上去深挖，在外露為神的兩邊之間去深挖（齊克果所有的努力仍然聚焦於此）；而同時它們的邊界互相滲透，它們甚至是共謀，這就是為何神被樹立成顛覆了所有理念的理念，被建立成原則而越出了思想的思想；這使「神」這個字成為我們的語言裡唯一不會完全歸屬於語言的字。從此，它把語言延展拉至極端，甚至超越了極端而使語言翻倒了。因此，它在我們的語言內部是必要的而且肯定是被「發明的」：它是絕不可能的字，於其上所有其他的字就用擺脫「神」這個基底去顯現它們的可能性以及它們的用途。「神的名字（名稱）」（noms de Dieu）的問題從此永不竭盡地被人提出——因其無法被編碼、無法被框架住，也就是說，我們如何強迫「神」被命名、如何做出一個說不出的名稱、如何把它列入所有其他的名字當中呢？因為神「是」異（Différence），但也是同（Identité），而且此時同異二者拒絕正反論證。換句話說，「神」這個字在所有的字詞當中打開了無止盡的距離，「神」這個字同時又把其他所有的字詞侷限在它們的對立狀態裡。赫拉克利特（Héraclite, 公元前六到五世紀）說：「神是日夜、冬夏、戰爭和平、飽足飢餓」。神由此刪除了語言作為溝通的功能；這是為何神是「話語」。或說，神是那個在可思的事物當中打開了無止盡距離的理念：他與任何不是他的事物都保持著無止盡的距離，只有他是他自己並且只自我參照。他也與自身保持著無窮盡的距離，就是從理性的神到啟示的神……

此後，「神」就是我們通過一邊理性的神或另一邊啟示的神去自我提升而到達的「理念」，即使兩邊互相排斥，可「神」這個字使它們互

有關聯。這確實是濫用情況，然而正是該濫用使「神」得以登上寶座。所有的說詞都以對立方式但都同樣無能地匯集到「神」上面。「神」道出了那個遭受語言從不同的面向想要碰觸的事物，然而語言總是再次跌落而崩潰。可感知的事物早已用再現的途徑，或說以類比的方式，被征用去再現理性的事物，但（所以）與可感知的再現反向而行。或為了呼喚神，用「確認」或綜論的途徑，把神所有的性質推到極端：「全能的神」（Dieu tout puissant）－「全知的神」（tout connaissant）－「全愛的神」（tout aimant），但是總有想說得超過最高級的誘惑，因而措辭變得既累贅又可笑。也有人用「否定」或分析的途徑去拆解「神」，並揭發「神」任何一種可能的特質和可能的界定一開始就顯出不能成立的情況（色諾芬尼〔Xénophane, 公元前？–475〕早就這麼想了）：「既非無限亦非有限」。此後，話語的誘惑只能降為沉默而且自行消失。假若「神」這個字是被創造出來的，所以不是為了被用作道德支撐或用來賦予不可見的以形象，像我們以為的，而是為了限地激活「意義」，最先就是在意義經歷挫敗之考驗時先驗地挺住它。

從此也導致「神」這個字在話語裡敲破了表達措辭之規範，它就只能用修辭的方式，就是用既誇張又矛盾的修飾法來反映自己，這兩種修辭法都把論述帶到極限，卻讓人們看到了論述的無能，這可是比論述不足還糟糕。人們援用了誇張的方式來把「超越」帶到「之外」，而此誇張的超越卻仍可憐地被侷限在「之外」（蘇格拉底早就針對善的理念提出了「如此魔鬼般的誇張……」）。人們援用矛盾修飾法來使對立項不

需要協調的仲介就能連結起來。例如十字架的約翰（Jean de la Croix, 本名 Juan de Yepes Álvarez, 1542-1591）說過：「令人欣悅的傷口啊」，「因為我越活，我就越死」，等等。這些句子裡的意涵不停地分裂和自相矛盾：既是無窮的圓滿（笛卡爾的論證裡），又是無底的空洞（在神祕主義裡）。既是絕對的絕對正面性，也是根本的反面性，甚至最早就在神裡面有正反兩面：「神總在抵抗神」（德希達對雅貝斯〔Jabès, 1912-1991〕精彩的點評裡所援引的句子）。然而，這種意義令人暈眩的效應本身不就是神裡面那個誘惑我們的事物嗎？此後，隨著人對神觀的發展，即從「異教」到基督教，「神」這個字凸顯出一種越來越明顯的「去相合」（Dé-coïncidence），這是與字詞和世界的嵌合以及與禁錮做出的去相合。以至於人於其中發現了可以用對神的殷切期盼去翻轉所有對人虎視眈眈的害怕和所有模糊的失望，因「神」揭發那些害怕和失望：亦即在期盼所有的期盼裡壓平它們——而這是「神」最終的使命。「神」的功能就是在人的意識裡掀起如是的暈眩，人因此樂意地結論說：人只要有「知覺」，他們肯定會被該暈眩吸引：因為只要人們開口說話，他們就需要「神」這個至上的字（ce mot suprême），而且此字是最佳的「反抗字」（l'anti-mot），它因不完全屬於語言，從而啟發了所有其他的字詞。可是世上到處都可證明這種情形嗎？在所有的文明裡都能取證嗎？

做出去相合之後結果是「神是否存在」這個問題不再被提出或者不再有價值了。這個我們過去以為是首要的問題，既是開場的也是必然的問題，這問題此刻就在人關於「神」的想法裡自行解散了。「神」本身

就是那個激起意義的暈眩作用，我們倒是回過頭來稱之為「神」。神回到他自己，此後他的堡壘便無法被奪取，同時也無法被防衛。把他定義為「存在物」，使他參照存有本體，這就使神跌落並遭損。確實，在該（定義的）正面性裡的跌落是致命的，或更準確地說，該跌落像「神」的背面那般地與「神」同行 —— 換句話說，撒旦與「神」同在並作為「神」的替身。「神」插進世界的「刺」—— 也可說神是絕對的「愛」——此刻反轉成得意和滿足的功能，亦即「十字架的瘋狂」（Folie de la Croix）轉成了基督教教理的遵循慣例，或說該瘋狂所引起的「公憤」轉進了儀式主義的舒適裡。又或，一無所有的神曾給富有的人提供了安全服務，弱勢者的神曾給強勢者提供了利益服務，愛的神曾給毀滅別人之行為提供了藉口服務。又或，「去相合」翻轉成比順服還糟糕的聽命（obédience）。每一種意涵在其極限之處就會自己翻轉到它的相反裡，從而揭露了意涵本身具有的雙向性 —— 所以「神」也是意涵運作的極佳例子。是故，關於神的問題，不必再去尋找答案了，因它自行消解於問題裡。就如尼科拉·德·庫埃（Nicolas de Cues, 1401－1464）說過的，所有的問題肯定都涉及神，首先就是關於神的問題。就是說，「神學上的困難〔事實上〕何等簡易啊」[19]：「對所有關於神的問題，應該給出的回答正是該問題最先所假設的。」我們一旦進入該意義的作用裡，我們就立即困於該作用衍溢如無底洞裡，我們隨後爬得出來以重新站立

---

19. 《世俗的褻瀆者》（Idiota）（德希達在他的《書寫與差異》中〈暴力與形而上〉裡引述並評論了該句）。

20. 恩培多可勒（Empédocle, 公元前五世紀），《淨化》（Catharmes），片段 134。

嗎？假如我們不進去呢？但願我們質疑它而不陷進去，或者我們盡快地從中脫離出來。

5

　　是故，那造就了「西方」的獨特歷史因素在很大程度上是出於人們對意義的極端憧憬，甚至越出了意義所含的可能性，而這些情況乃由「神」這個字在語言和思想裡以令人暈眩的方式開啟的。該獨特因素也是歐洲人曾在一切可思的和可質疑的事物的上游任由「普世預設有神為前提」（universelle présupposition de Dieu）運作無阻。一方面，理性的神和啟示的神一方反對另一方而不停地互相磨銳，但是他們雙方又彼此需要；也就是說在希臘也有「奧祕」的「啟示」，只不過那是對多樣奧祕的祕密揭示，而非統一的並公開「宣告的」奧祕——甚至柏拉圖也在兩邊之間或在它們的折疊裡進行思考。就如在預設神的存在之極限和反過來反對該預設但沒能因此使它完全攤開之間，雙方不停地呼求一方來抵制另一方、相信和不相信、接受神和拒絕神，每一方也用對方來自我鞏固：信仰與理性的衝突其實是神在歷史上最後的一場演出——歷史終究可被超越嗎？一種「預設」事實上可被磨滅嗎？也就是說，在很大程度上，在很長期間裡造就了「西方」的事物就是不停地「用人的神

觀來推動發展」的；他們對神觀投注了很多，既用理性深思熟慮地鍥而不捨的工作，也在人的意識深處裡投注，就是殷切盼望神觀，把它作為西方重大的要務和要解開的謎題、西方的提問和熱情投注的對象。總而言之，把它作為西方的「主要大事」。如果說大寫的歷史之時代現今已結束了，「西方」或至少歐洲，不正在經歷結束後的抑鬱（「西方」是一個意識形態概念，「歐洲」是一個歷史性概念）：因為先前的投注能被轉移到哪裡？

　　歐洲思想的確產生於人對神的理念（即人的神觀），所以歐洲人的思想與他們的神觀兩者你中有我、我中有你。然而，即使人的思想裡顯得肯定有神──希臘思想的力道就在此──，神觀之產生不仍是獨一無二的嗎？希臘思想裡覺得有必要先清洗荷馬作品裡的眾神，把它們「寓意化」，就是既洗掉眾神們的七情六欲也洗掉他們的感性。就是說，把他們從形貌與人類相似狀況裡解放出來：「他沒有腳，沒有快速的膝蓋，沒有多毛的性器，他僅僅是一個至上的思想」[20]。好像有必要使關於神的想法脫離可觸摸的事物，所以也脫離禮儀性的事物，以便把該想法提升到某個不可見的之外裡：「任何辦法都不能觸及他，不能在我們眼前接近他。」[21] 好像關於神的理念，有必要讓希臘語言的主要元型意涵作用完全發揮，那是與損壞的世代「生成」對峙的「存有」所含的意涵：「如果某個東西存在，如神〔存在〕」，那麼神不可能「被生出」，神不可能來自生成（genesis）[22]。好像觸及神的理念，也有必要把它從複

---

21. 同上，片段 133。

22. 色諾芬尼，參見 Diels-Kranz（1848-1922），如上文所註，第 1 冊，頁 116。

數的散落狀態當中提取出來以把它提升到單數的純粹狀態，此刻神已經是假設和推理的主題：「至少如果神存在」，作為最具有主宰性的，「他就是獨一的」。又用全部化來使他絕對化：神是全部──「看見全部」－「聽到全部」－「理解全部」；甚至把神幾何化成圓球狀而作為理想形狀[23]。或好像神的理念已有必要用否認途徑弔詭地去擺脫對立狀態：既非休息亦非運動……又好像把對神的意念做為一種「彰顯」該意念的邏輯思辨的客體；或做成一種對身心有益的「論述」[24]而閃耀。（在柏拉圖之前），「原則的神」早就出生了，以其理性強加給思想，但是思想在它的邏輯推理之下掩藏了多少成見和武斷；我們都由邏各斯養成的，所以我們只能從它的歷史的外部才看得見該情形。

像中文這樣不以絕對意涵來構想「être」的語言裡，情況如何呢？中文不以絕對意涵來構想「être」，它就不會從「être」的絕對意涵裡把「生成」（devenir）抽離出來，這生成就是萬物生出和腐敗的生成與流變，它與神的「être」（存有本體）對立並因此加強了神的永恆性。中文沒有「être」和生成之間原則性的分離，它只思考「道」的過程性；那麼，中文還需要「神」作為它的基座嗎？或說，中文不在字形上標示複數和單數，所以不需要從複數的多樣性裡清理出單數的純粹性，不是嗎？中文裡的「主」表示（單數的）「主」或（複數的）「主們」──這個語言並不明確地把兩者截然區分；那麼，「獨一神」的問題在中文裡還有意義嗎？又或，中國思想裡起初沒有豎立「奧林匹克」山，其上居住的神明們好像活在另一個世界，他們作為人間的複像，並告知人會

死亡，以此和人們做出反差；甚至需要「寓意化」和詮釋，以便把那些神明所具有的人之形象清洗掉，以便使他們具有道德教化作用或把他們提升到「本質」地位；隨後就需要展開「釋經」使命，把意義無窮地拓展出去，該使命就是後來基督教為了在神裡面拓展因沒有共同衡量尺度而不可約比，所以發展釋經的使命，不是嗎？ 然而這類事情，中國思想都沒那麼作，會如何呢？

　　或者說，一種思想沒有用阿波羅的壯美燦爛的體形（理想的裸體形狀）去頌揚人體，以至於能在更根本上把人體和（從可感知的事物剝離出來的）一種不可見的純粹事物對立起來，而且把「神」移到該純粹不可見裡，這種思想會如何呢？中國思想曾經關注分辨「道」在「微幾」之時的「過程性」狀態，所以關注可見的與不可見的之間的過渡。它沒有要求苦行也沒要求放棄可感知的事物，以自我提升到神的境界，但是它強調澄清和「精化」。它隨後就不必讓步給某種弔詭的意涵所引起了暈眩，然而「神」就是用暈眩去敲破語言和思想之規範。中國思想反倒不停地透露天下調和運行的「理」；它因此沒有發展（西方）釋經學，但它用多樣變化的手法來闡明文本，並給文章加上解釋性的註解。所以它幾乎不會在神的裡面安置另一種盼望以對抗人現世的生活。它因此不必拓展反面性能力，不管該反面性能力是在神裡面或反對神，它倒是經常教導「和」（harmonie）的觀念；如此一來，它就不必發展會引起斷裂的「信仰」（比如科學與「信仰」對立）。中華文明推動了浩瀚無窮的知識，是知

---

23. 同上，〈論自然〉，頁 135。

24. 恩培多可勒，《淨化》，片段 131。

識而不是作為要求客觀並可證明的真理之「科學」──然而真理就像我們過去想像它是思想可能「發展」之「必要」條件嗎？面對（中國人所說的）「養生」能力，該真理不會是一種偏差嗎？最後，如果說我們不求說話能力「大放光彩」──這是邏各斯的能力（理智思辨能力）──，而像中國人偏愛使用暗示和隱喻（因這些用法不會阻塞思考），結果會如何呢？我們能否談論關於「神」的「真相」，只把它作為教條或只是想想而已？我們能對話語有什麼期待？孔子說：「天不語」……

6

我們的思想地平線上終於出現了一種新視野，讓人可以重新審視關於神的問題，不再從內部而是從外部去審視：就是說，關於神的問題，此刻所面對的，不再是拒絕它──像過去很久以來人們所做的，從德謨克利特（Démocrite）或伊比鳩魯（Epicure, 公元前 341 – 公元前 270）以降──而是沒有拓展它的事實。神這件事曾經使歐洲為之熱情澎湃，並且在很大程度上「製造了」歐洲──我們今天可以從神在歐洲的後撤現象來衡量神的分量：歐洲不正在瓦解嗎？──可這件事幾乎引不起中國人的興趣，如傳教士告知我們的。我們上文中剛剛透視了其背後理由。在中國，關於神的問題不再表現為贊成或反對神、信仰神或無神論，

而是一方與另一方配對並且每一方的背面就牽涉著另一方。在與中華開啟的面對面裡就有了一種「互揭面貌」（dévisagement）的運作，通過把它放入文化條件裡來審視它，由此在問題可不可能成立當中去探勘神的問題，因為文化條件事實上造就了神的問題本身具有發明能力之獨特性。如此一來，那使歐洲思想先前被卡住的二選一的運作就消解了（我們的現代性卻還困於其中），該二選一就是，希臘或猶太、亞伯拉罕面對蘇格拉底（齊克果面對黑格爾），必得在他們當中選一個。然而那個非希臘非猶太的「他者」會是什麼呢？是時候了，要在中華聽一聽與上述二者有別的「原始的話語」（autres paroles de l'Origine）。或說，我們已經開始解構存有本體思想，也用凸顯出它賴以興盛的那些被埋藏的成見去解構關於神的理念。

可是我們如何走出我們的歷史以打斷它虛假的理所當然，以便從外面來重新審視它的奇特性呢？就像我們只有進到另一種語言裡才能脫離我們的語言，我們只有進到另一個歷史才能走出我們的歷史。如何撰寫一部歷史，當這個歷史（譬如中華史）的發展不是依據人對神的理念，而是來自該理念「沒有展開」？或說，如果我們認定基督教使孕育出宗教性的事物的張力發展到了極端，基督教反而因此導致宗教性的事物處於危險當中，建構宗教的反面性反倒使宗教性的事物得以「超越」，從而產生了現代性；並且，像馬歇爾・苟雪（Marcel Gauchet, 1946-）所主張的，我們把基督教做成了「走出宗教」的宗教（la religion de « la sortie de la religion »）[25]；此刻我們會如何處理「中華案例」？如果人

關於神的想法很早就被消納了，慢慢地，沒有危機、沒有亂了套，也沒有變本加厲；而且宗教性的事物不一定和政治分開，至少在歐洲於十九世紀末第二次侵入中國之前（這一次不再是由宣教而是用大炮）；面對該中華文明對神的問題的處理，我們會怎麼做？在中華文明裡，有關神的想法經歷了漫長的醞釀成熟過程，它早在上古時代就開始萎縮了，但沒引起震撼、顛覆或怨恨。

　　猶太民族的情況確實是一個例外，它處於埃及世界的邊緣，然後處在新興的基督教的邊緣，也在羅馬帝國的邊緣；每一次都因高度危險的張力關係而再次取得宗教啟發。這種情況在歷史上中央持續集權的中華遼闊大地上找不到任何對應。中華歷史發展的信心來自它毫不間斷的自行拓展，即使蒙古人或滿洲人的入主中原都不曾使它搖擺不定。它在地理上也沒做過重大的移動：它的永久基座就在「中央諸國」（Principautés du centre）（法文原文用的是複數的「君王國度」）——後來的「中國」這個名稱便由此而來。此後就沒有任何宗教靈性起義以抵制政權。即使在最淒慘的時代，帝制威權從未被人以一種高於它的超越性去除掉它的合法性。相反的，帝制威權總被明顯地用作中間調節者，甚至把超越性納入帝權的內在源頭，從而使超越性轉過來對帝權有利。同理，帝權遍及「天下」（sous le ciel），這情況的產生並沒與先前的古老社會階級和文化結構有任何斷裂；該情況反而拓展並完成該結構：就是說，皇帝身為「天子」，唯有他能向天獻祭，他同時也是所有人的父。宗教在面對政權時無法開啓別的向度，從而逐漸消散了。所以不需要「走出」宗

教領域，既然沒有任何強大的神的形象曾經在古代中國承載過宗教（把自己與世界隔離出來），也未曾把文化的事物從整個「文化」（就是中文的「文」所指涉的方方面面）裡抽離出來。

7

馬歇爾·苟雪在他淵博的研究裡把伊朗、印度和中國放在同一邊；他主張宗教乃「在元一的模式裡」重塑的，因此只有與以色列的命運連結，隨後與基督教的命運連結的那種宗教；歐洲現代政治才能用超越使該宗教絕對化，脫離了眾帝國的平凡無奇，並畫出了一種實在的獨特性。在西方人的眼中，傳統上確實唯有西方在歷史上勝出並促使歷史前進——可西方對歷史有壟斷權嗎？或者，如果我們一開始就拒絕承認其他的文化也有自己的個體性，這難道不是因為從遠處去看那些文化，我們沒看到它們的內部變化而以為它們經久「不變」？馬歇爾·苟雪在一個仔細說明的註解裡，倒是提出要「把在希臘思想和基督教思想之間所做出的比較工作，拓展到與中國思想的比較上面」[26]，對他所提出的假設而言，此比較具有「關鍵性」。可是，即使假設「比較」這個詞此處

---

25. 馬歇爾·苟雪，《對世界的幻滅：一部宗教政治史》（Le désenchantement du monde, Une histoire politique de la religion），加利瑪出版，1985。

26. 同上，第二卷，1，註解17。

是合宜的，我們如何構想該「比較」呢？根據施和耐（Jacques Gernet, 1921-2018）的假設[27]（馬歇爾・苟雪就是參考了施和耐的說法），我們和中國思想的交涉就像我們和「一種不同形態的思想進行交涉，該思想有其固有的論證方式，它的原創性是根本性的」（施和耐）。馬歇爾・苟雪由此摘要說，中國思想應是「完全異於我們的思想，所以與我們的思想毫無交流」，中國思想「全然不知那些在西方思想裡自從希臘人以來曾經扮演過基要角色的重大對立項」。這就是假設「根本上的他者性」（altérité radicale），此他者性把種種文化關在各自的圈圈裡並使它們確實「永久不變」。馬歇爾・苟雪於是提出他自己的假設以反駁施和耐的「根本上的他者性」，他說：「施和耐從中國思想所清理出來的結構性特點，其實與希臘思想共享了相同的基本潛在性，但做了另一種開採」──同理，希臘思想「以不同的方式開採了相同的潛在性，基督教思想也奠基在這些潛在性上面」。唯一不同的是，希臘思想「傾向於」把「原則」和「上古的統一秩序」分開，而中國思想則把「元一」（Un foncier）保持「如虛空」（comme un vide）。

所以苟雪乃在「根本上的他者性」的對面提出「眾多文化之通相」主張：「中國思想」與「希臘思想」相似，「希臘思想」與「基督教思想」近似，等等。其結果是，在眾多文化和多種思想之間的「差異」就變成次要的，而非基礎性的，只在第二時間以多樣變化的緣由呈現出來。然而，如果這兩個敵對的假設成了二選一，正是因為它們二者都從「差異」強置的視角出發去構想文化，不管該「差異」被本質化了還是被相對化

了。但是「差異」概念能準確地處理文化的「多元性」嗎（該文化多元性正如我們在世界上所發現的現實）？那之後，差異概念必然帶來的二選一的理論依據可靠嗎？或說，不管我們選擇了原則性的差異或基本上的相似，該二選一只會走到一個死胡同？因為差異的本性就是定義一種「同一存有本體性」（identité），就是一個「同一存有物」（étant-le-même），並使它固定下來：如亞里斯多德說的，「從差異到差異，直到最終的差異」，我們就得出某物的同一性質，從而給出該物的定義。於是，「差異」成了分型別類的重要工具（它早就是亞里斯多德用於思辨的重要工具）：它讓我們去「整理歸類」。它的觀點是表象的，其特點是分辨——由此發展出原則性的應用，而在語言學裡被合理化了（索緒爾的語言理論裡）。當代思想便從它出發而取得了重要成就，從而拋掉存有本體論。

然而文化觀念是否預設了（承受了）如此的「同一存有本體性」？任何文化所展現的都是集體現象，文化沒有生理載體也沒有出生和死亡日期——這與個人情況不同，就個體而言，「同一存有本體的」乃在出生和死亡之間維持己身——文化乃不停地轉化。此外，按照特殊的、同一存有本體性的和有分辨性的特點來構想文化事物，這豈非留在表面層次上嗎？因而一開始就錯過了在每次的運作當中含有內在張力的東西會越出而帶來有發明力的蓬勃發展，這種推動發展的事物卻「不任由人加以歸類」。一種文化裡最獨特的和最富有創造力的事物豈不都逃離了一

---

27. 施和耐，《中國與基督教：首次撞擊》（Chine et christianisme, La première confrontation），加利瑪出版，1982（再版1991）。

下子就要貶低它們的目錄嗎？多樣性的文化事物會讓人好像對一種語言的語音進行分類，或好像人在植物學裡對植物進行分類嗎（這是結構主義裡傳統人類學的分類誘惑）[28]？另外，與其相關的，差異的本性就在於它「使孤立」：一旦差異被識別出來而取了一個，就不管另一個了。我一旦通過 A 和 B 的不同而定義了 A，我就不管 B 了而只保留 A，我只對 A 的「同一存有本體性」感興趣。差異被應用到文化多元性上面，差異就使這些文化一個一個地孤立出來，把它們分別地關在各自的定義裡，並使它們不再互相「交流」。如此一來，差異概念一開始就堵死了文化之間的對談。

假如我們因習慣於語言的差異概念，而誤判了該概念呢？難道不該換掉它以避免陷入我們已經瞥見的悲慘死胡同嗎？這是為何我提議不用「差異」而用「間距」（écart）概念來構想文化的多元性——就如本書裡就「神」的議題而在摩西和中華之間的間距裡探討問題。「差異」標出一個「分別」，如是，該分別已被定義並固定下來。「間距」反倒凸顯出一段「距離」，我們在該距離的展開當中去衡量間距。間距概念不把事物固定下來，它是生成性的也是能量性的；就是說，「差異」給內容貼標籤，「間距」則對未來保持開放狀態。這是為何間距不是整理歸位而是「打擾歸位」（dérangement）的概念：我們常常問，「間距可拓展到什麼地步？」——間距有探索性，有發現能力。的確，它所凸顯出的另一個可能性會令人驚訝和倉惶失措；好比人們說的：「語言上的差距」或「行為上的差距」……，間距使人脫離規範，就是脫離被期待

的、被同意的、熟知的；間距深具探險精神。它拓寬了人的視野，它拓展了可能的場域。詩本身不就是語言裡諸多「間距」所產生的嗎（約翰·科恩〔Jean Cohen〕說：「間距是所有詩之必要條件」）？由此，文化之間和思想之間，問題就不再是，它們相似或不同？——二選一是沒有生產力，因二選一讓人只能勾選一個格子。問題比較是，我們發現它們之間的間距可展開到什麼地步？它們之間的間距從文化的和可思的場域內部，以獨特的方式去拓展，就把內容和清查的界限推得更遠。結果是，關鍵就不再是用差異去固定「同一存有本體性」；關鍵倒是在文化之間和在思想之間去拓展被發現的間距能發展到什麼地步，以開採文化和思想所彰顯的孕育力，即開採它們的「資源」（ressources）。

又，與此相關的，如果差異使孤立並且「不管另一個」，「間距」的固有特性倒是「把另一個保持在對面」在被打開的距離裡。這麼做，間距使雙方之間的「之間」湧現出來，此之間使雙方之間有了張力：從此一方藉由另一方、一方在另一方裡做出的反映和反思會釋放出能量並「交流」。因為「之間」不是「être」，它非左非右，而是之間，它沒有本身或本質，它沒有「屬性」——「之間」就使萬物擺脫了存有本體論用指派做出的界定。然而，由於不是「être」，「之間」任由通過因而具有操作性：活動的開展就是「通過」之間而進行的，之間是雙方或多方「互動」的開放空間。所以，與其像差異概念所作的，把眾多文化和思想孤立出來並把它們固定在假同一存有本體性裡；倒不如用間距概

---

28. 菲利普·戴斯扣拉（Philippe Descola），《超過自然和文化》（Par-delà nature et culture），加利瑪出版，2005。

65

念去凸顯出它們的「之間」，如此倒是使它們開放、使它們不孤立，因為間距概念使它們面對面之間有張力，促使它們彼此開放，促使它們雙方因對方而溢出，從而得以交流。間距因此不同於「溝」（gap）或「鴻溝」（fossé）——gap 這個平易的英文譯詞說的是分開，所以指的是與間距相反的內容。間距概念因此也是具有「間談」（dia-logue）操作力的概念。希臘文裡，「Dia」意指間距，同時也表示過程；希臘人很明白，一場間談會因所牽涉的間距發揮作用而讓對談有所進展並且更豐富；否則，那不過是獨白或重複說著同樣的話。他們也明白，必須有耐心和善意，才能使面對面的立場開放，使間談變得可能並使它展開——佐證：柏拉圖的論證當中，間談的可能成立條件甚至是思考的核心。Logos 這個字則道出了可理解的事物在間距裡產生的共通，然而從間距工作出發去提倡的共通，不是早已被壓抑進了人們媚俗地所同意的相似或同化裡了嗎？

8

在文化和思想的比較運作裡，差異觀還有一個邪惡之處，就是讓人在邏輯上假想一個共同「類型」（un genre commun），所有的差異從此出發去自我個別化。然而在多元的文化和思想上所謂的共同類型會是

什麼呢？在一切的變革之外，大寫的人或「人性」會是什麼呢？自稱有「共同的」內容，就只會出自意識形態上的投射。該假設不就是回到了統一的原始神話嗎？畢來德（J.F. Billeter, 1939-）在他那本小冊子《反對朱利安》（Contre François Jullien）裡的結論說：「當我們事先提出差異時」──這是他認為我會做的──「我們就看不到共同底部」[29]。但是「事先提出差異」會是什麼狀況呢？這只有一個意思，因為「事先」來自哪裡，如果真的是「事先」，就是說，在所有經驗的上游之處？不過，正如畢來德隨後強力推薦而說的：「當我們從共同的底部出發時，差異便自然地彰顯出來」。然而什麼是該「共同底部」，我們能從它出發好像我們之前就已認識它，就如我們應該事先認識那個後來分裂成種種特殊種類的原始類型？又，種種「差異」如何能在眾多文化之間「自然地」彰顯出來，好像我們只在分享一個橘子的片片果肉或打開一把扇子？如果有「底部」，譬如用「神」作為底部，當早期人類文化出現了並開始形成時，是有一個底部，但不是「共同的」（commun）反倒是「模糊的」（confus），才稍稍有點模樣，我們因此不太認識，但我們瞥見了──最初的輪廓這裡那裡漸漸地形成了──可能在種種語言和社會裡凸顯出多種「可能性」，我們尤其不要錯過它們。確實，這些越突出的獨特性就越有創新能力，越能自我拓展和自我精確表達，就越讓人看到它們之間的間距；它們因多元性而越表現出它們的豐富文化，亦即它們的文化「資源」。「共同底部」總不過是一個平庸的底部，而非同一存有本體性的底部；那使人以為它們相似的東西，只是最初的模糊印象：夜晚時分，所有的貓都是灰的……

---

29. 畢來德，《反對朱利安》，Allia 出版，2006。

67

這是為什麼在接下來的段落裡，在中國和歐洲的眾多文化圈之間，我不從同與異去考量與「神」相關的事物，因為「我不做比較」，我做別的事情，即我安排一種互揭面貌的「面對面」。如此做，「我也不樹立對峙」，因為對立是貧瘠無生產力的，停留在那些已被給出的範疇裡，這些範疇是固定不動的。我反而要探索一個間距是如何被敞開的，隨後如何越過那些固定的範疇以便安排中國思想和歐洲思想的相遇。「比較」可能是天真地相信能一開始就把這些文化脈絡靠邊擺放，它們過去互相漠視而且很晚才相遇，並且這相遇還經由許多（迄今還未停息的）指鹿為馬所促成的。按照同異去歸類，從它們最古早的過去出發，在相似或不同當中截然做出二選一，同與異互相排斥。這種同異歸類法的文化框架或共同「底部」會來自何處？與其那麼作，我倒是隨著所遇到的問題一步一步地致力捻出問題所凸顯出的間距，這些間距是隨著問題的湧現及其發展當中而出現的。也就是說，一路做來，我上溯到諸多反思性的面對面，每一種思想於此就反映在對方裡面以衡量自身的資源，同時也探察自己的「未思」（im-pensé），「未思」就是文化上逐漸形成的成見，該思想就依據這些成見拓展開來。用一方來拓展另一方，我們就不會掉入「機械性的一般化」做法，也不會掉入一種「刻板印象的他者性」說法（如程艾藍〔Anne Cheng, 1955 - 〕的《中國思考嗎？》所做的 [30]──不論如何，可以肯定的是，有一支「不思考的」貧瘠漢學）；也不會掉入某種「自戀的」新殖民遊戲裡，因為我們都知道，至少從佛洛伊德提出以來，自戀只在意「細微的差異」。一路做來，必須

進行有關理解能力的工作。因為這種工作早在翻譯當中就有了，就是說，沒有暗中安排雙方的面對面的話，翻譯工作是不可能進行的。否則，我們只做同化工作，毫不考慮那些抵抗同化的事物和狀況；否則，我們只在強置一些對應詞語，毫不質疑是否理據可靠，也沒重新審視那些對應的事物；也就是說，我們一開頭便掩蔽了文化和思想的諸多資源。

　　關於「神」，我探索上述的那些間距能開展到什麼地步，我既拓展可思的場域也打開它的折疊。「神」這件「主要大事」，在歐洲過去被人們激情論戰，直到「現代性」高峰時它陷入危機——現代性很大成分由此而出。中華「沒發展」神這件大事，這點就激勵我們去掀開「神」以重新思考它。此刻難道沒有一種審視「神」的新方式嗎？我們要「解構」人的「神」觀，而不是把它棄於一角而成了思想的死角，因它早已沉溺萎縮於歐洲思想裡。從此之後，從反思性的面對面出發，從探察出來的「諸多間距」及其凸顯的「之間」出發，我們就能旁敲側擊地產生出一種（來自面對面的）人的「自我反思」：不需要指派給人「人的本質」或「人性」，「人」會由己並在他的變成當中，也就是說通過他的多種「可能性」去理解自己。與其安置事先定出的某個「共同」，此共同總是種族中心論的並高高在上的，「共通」倒是一步一步安排而成的反思產品。這種工作的確表示我們不可「粗略看它」，如帕斯卡曾經說過的，更普遍地說，「粗略看它」只會使我們的偏見持續下去。我上文中已提過，我們必須仔細地從近處有耐心地從最早探察出來的間距開始去拓展該工作，亦即，書握在手裡或「攤開文件」，細讀原文文本，努力不懈地翻譯。

――――

30. 程艾藍，《中國思考嗎？》（La Chine pense-t-elle ?），Fayard，2009。

三．最早的間距

1

我們在歐洲稱之為「神」的歷史，在世界另一端（中華）可上溯至什麼時代呢？中華關於神的歷史比較難讓人清晰地追溯其起源，由於沒有任何像基督教《聖經》這樣的文本來建構它。回溯到公元二千多年前的（殷）商朝，我們倒是可從甲骨文取得足**夠**的相關資訊，從而得以想像神或神聖在上古中國是如何構成的。根據那些資料，很多祭祀的源頭都與宗族或部落有關。此外，商朝也尊奉大自然的要素，諸如日、月、星辰、風、雨、雲、雷和大地；還有山川、森林和沼澤。商人還尊奉東西南北四方。在受到如此多樣的監管的天地之上，被人稱為「上帝」者（Seigneur d'en haut）掌管著天地。「帝」表示朝代至尊君王，然而「上帝」越來越明顯地不同於君王，也不同於被我們視為具有大能的「自然要素」。即使「上帝」不是唯一神明，他對天地卻有一種統一的至高大能，人們非常畏懼他，人們向他祈禱，人們尤其向他獻祭；他掌管著人世，給眾人下達他的帝令。《尚書》裡有一句話扼要說出這種神明與人們的階級關係，給每一種獻祭一個特定的類型用詞：舜「祀類於上帝，禋於六宗，望於山川，徧於群神。」[31]

此處沒有任何事物與我們在同一時代其他的文化，特別是中東或近東地區的文化所發現的事物有深度的不同。我們此刻會相信人類不可救

---

31. 《尚書》〈舜典〉，理雅各譯本，頁33。

71

藥的平庸心思就是，總是一開始爲自己塑造一個階級分明的形象世界，以便把自己融入其中以取得安心。此處呈現了人類原初的和常態的集體性，群體就在其所塑造的世界裡進行權力分配，以使權力神聖化來穩定自身。然而古代中華文化缺乏該群體性的兩個特徵。第一個是，古代中華在神話發明方面極其乏善可陳；當別的地方在這方面顯得又豐富又多姿多彩時，中華大地卻幾近空白。才稍稍提及古代商朝祖先派一隻玄鳥去碰見簡狄，簡狄就因鳥受孕而生出商朝嫡系：「天命玄鳥，降而生商」[32]，此句出現在《詩經》末，可僅此而已。該句子毫無美化和述說的樂趣——不像希臘神話世界裡的滔滔不絕。就是說，在中華，〔史詩式的〕宏大敍事這條途徑沒被展開，以作為形塑某個「之外」的載體。第二個特徵是（第二個與第一個是相聯的），通達神明這件事基本上被構想成以祖先們作為媒介。商朝的最後幾個世紀期間，他們的君王越來越忙於在特定日期向他們的嫡系祖靈們獻祭，以等候祖靈們的指引。「上帝」的形象於是益加鞏固直到被尊為至上；事實上君王是通過王室祖先們作為媒介去向上帝提出他們的請求。此外，人乃通過君王向神上達請求，這條譜系本身含有在人間就有的超越。

上述的特殊性其實逐步地於公元前 1050 至 1025 年之間確定下來；即在黃河北面的牧野之戰，商之末代君主被殺頭，周取代了商。然而，這場朝代更替也伴隨著一個新的至高神聖形象，即天。事實上，中華傳統總強調朝代之間的傳承，天的形象在商朝並不陌生；不過，周初的天之形象已經和上帝的形象毗鄰，其發展過程是：天最初等同於上帝，天

在接下來的幾個世紀當中漸漸地使上帝邊緣化，但沒批判它。也就是說，上帝從未被批判或被否認，否則早就引發爭論了，即引發「神學的」論戰。上帝卻漸漸地被天覆蓋並被擱置一旁，天消納了上帝並使之失去作用了。

　　周朝的來臨提升了天的形象，這是中華歷史上首次的道德化運作，而且特別歸功於周公在改朝換代時所扮演的重要角色：就是說，商朝之所以被消除，乃因為它逐漸德不配位，因它所犯的錯而斷了「天命」。而周朝最早的幾位君主都因他們的德高配位而繼承了天命。一個氏族推翻了另一個氏族，這在歷史當中被看作合法的，因爲天關注人間疾苦，天推動著歷史並擔保了歷史進程。由此在倫理和政治上產生了一個建立在「天」這個監護形象之下的意識形態，但沒因此發展出任何純粹神學，由於「天」自此之後加強道德的一致性。這樣的意識形態在中華主宰了三千年之久。一直到十九世紀末歐洲以武力進入中國，輸入了歐洲人的歷史觀，甚至把這個史觀強加給中國人；還賦予了「革命」（rupture du mandat）這個古代說法一個極端激烈的意涵，與中華傳統全然斷開，變成了純政治性的「革命」（révolution）。

---

32. 《詩經》303；更晚出現的《楚辭》裡也提及，但孤立。

2

　　我們查閱最早的中文典籍，首先看公元一千多年前的《詩經》，這部典籍充滿著並確認上古時代普遍的上帝形象，就是看管著人民的命運，為他們尋找一個安身之處。這個上帝形象於是很接近摩西的神：

　　　　「皇矣上帝，臨下有赫，監觀四方，求民莫之。」[33]

　　因為在周之前的夏和商，其政權發展最終都沒能維持天對他們的信任。而且上帝也在眾諸侯國當中「尋找」和「評估」要把至上君權託付給哪一國。他因此「乃眷西顧」並把他的住所託付給周的祖先。上帝「監觀四方」，像被派去巡視各地的官僚們所做的，他同時也「眷」顧稱職的諸侯。[34] 因為上帝思慮天下：「無日高高在上，陟降厥士，日監在茲。」[35] 這是為何像《聖經》裡，一旦上帝看中了周族，他就向周王顯現以告誡他要謹慎。就像耶和華向摩西說話，帝謂文王[36]，給他建議。但必須注意它們〔兩件史事〕二者之間的間距，就是文王不能回答，因而沒有出現任何人與神的對談〔像摩西與神那樣〕。

　　然而與在《聖經》的敍述裡一樣，降臨到人們身上的災禍讓人看到神的眷顧有了「轉變」：「上帝板板，下民卒癉。」[37] 天降下很多災禍，到處板蕩不安……此處，不是〔《聖經》裡的先知〕耶希米而是〔古代

中華〕宮廷裡的一位官員對他的同事們發出警告，希望他們行事謹慎。但是，該怨言不會轉為逆天嗎〔如這些句子所透露的〕？「瞻卬昊天，則不我惠。孔塡不**寧**，降此大厲。」[38]「天之降網，維其幾矣」。人們此後不斷提問：「天何以刺」（為何上天要刺害人們？），「何神不富」（為何神明們不賜恩福？）。回顧人類的歷史，對神發出怨言也在中華國度裡出現過，但是很快就被歸爲人的責任，首先就是君王要負的責任。如果說「疾威上帝」（上帝的權威廣大），「其命多辟」（他的命令與普通規範多有分歧），這是因為天產生人們時就已立下命令，但人可不只是「憑靠」這些命令，還需要以正直的行為來「有終」[39]。君王必須從中取得教導，如周朝開創者文王所做的；該教導也對失去了資格的殷商發出。可能透露出宗教性的或形而上的不安之類的怨言，〔在中華〕則被「消納而化解」成一個政治警告。

　　這就是為何周朝開創者文王（君王的最佳代表）成了天「配」（配合天命者），文王以其德管理天下——此時中華不再需要命名人格化的上帝。死後的文王就被等同於至上能力：「文王在上，於昭于天。」[40]

---

33. 《詩經》241〈皇矣〉1。

34. 同上，236〈大明〉。

35. 同上，288〈敬之〉。

36. 同上，241〈皇矣〉5。

37. 同上，254〈板〉。

38. 同上，264〈瞻卬〉。

39. 同上，255〈蕩〉。

40. 同上，235〈文王〉。

就如過去上帝所做的，文王也「陟降」，並「在帝左右」。我們最好理解後面這句話，不管以更個人的方式或更抽象的方式，該句子說出了文王確實與人世之外的大能有了交通；屬於人間的君權融入了管理天地的至上權力。文王之德性就確認了託付給他的至上君權之合法性，也使他「令聞不已」並讓後代子孫蒙恩福。文王倒只是承受帝祉而施福於子孫，逐漸與民結盟。[41] 以至於被文王所擊敗的殷商做出的歸順便顯得理所當然，因而商周之間的改朝換代沒有發生斷層，就是說，周朝傳承了先前的朝代，周的建立就涵蓋了歷史演變當中必然的暴力。人民的氣餒因而最終被消除了：「儀刑文王，萬邦作孚。」[42] 因為殷商在失去權威之前，他們執政之合法性正是出於他們能配合上帝。從一個統治到另一個統治、從一個朝代到下一個朝代，保證了歷史的「一致性永不間斷」；何必去尋找一種天地之外的超然性？在中國思想的初期，在天命之下就已經指出了天地之調節默默地「上天之載，無聲無臭。」[43] 中國思想隨後就從天展開，關於「神」的思想反而變得無用了，從而被上天消除了。

3

中華文明最早的另一部重要文本是《尚書》（亦稱作《書經》），由檔案、長篇大論、祝賀文或誓約盟文組成的，也是在公元前一千年左

右成書的，把「天的調節（天行）」（Régulation du Ciel）更詳細地寫入歷史進程裡，從而確認了該調節道理。文王明德慎罰（亦即「用應該用的人，尊榮應該受到尊榮的人，令必須畏懼的人心存畏懼」），他的名聲漸漸地傳出了他的國土並「聞于上帝」。「天乃大命文王，殪戎殷」，以至於諸國諸民最終在文王政權之下得以有秩有序。[44] 從此，人們對天的「畏懼」也加上了對天毫無質疑的信任。的確要「畏懼」天，因為天所給予的天命並非長久不變，一旦受命者不配得天命時，他所接受的天命就被收回去。人們倒是因此能依靠天協助那些配得它支持的人（「天畏棐忱」）。所以不是因為神的計劃深奧難懂才叫人畏懼他，而是人們總會因為走錯路而失去上天的恩寵。此外，得天命者也必得「往盡乃心」[45] 並持之以恆才能「治理人民」。政治上的治只不過是君王道德上的投入所帶來的結果，即天看到這位德君並支持他。也就是說，神的超越性可能呼籲人們去發展一種本義上的神學，然而該超越性此處〔尚書裡〕已被「整合入」道德和政治秩序裡。

神的正義此後不再是問題了；或說，正是歷史本身才是它自己的正

---

42. 同上，235〈文王〉。

43. 同上，235〈文王〉7。《中庸》§ 33，就引用了「上天之載」，請參考《中庸》的法文翻譯 Zhong Yong, La Régulation à usage ordinaire，朱利安翻譯和註解，法國國立印書館（L' Imprimerie Nationale），1995。

44.《尚書》〈康誥〉，理雅各譯本，頁 383 起。

45. 這句話是《孟子》思想的出發點，「盡其心者」，「事天也」；請參看《孟子》〈盡心上〉1。

義論。如果「天降威」，這是因為「民用大亂喪德」。[46] 所以天「降喪於殷」，正是由於殷商「唯逸」；並非天殘忍，而是人民自己加速地犯錯（「天非虐，唯民自速辜。」[47]）我們猜想得到，以天在歷史上的作為來證明天給出的合法性，這樣的論述其實是新君王們面對被他們趕下台的人做出的一種自我合理化的論述。周公便如是地給殷商遺臣們說教，爲了說服他們與周公的政權聯手，他說：因為殷「不惟自息乃逸」，天就降喪於殷。我有周佑命，「將天明威」，致使殷王受罰，「刺殷命終于帝」。[48] 並非我小國敢覬覦殷所承受的天命，而是天不再賦予殷天之命，好使亂不再增加，所以天**幫**助了我們。殷商所遭遇的正是在他之前的夏所遭遇的，就是說他們被天驅逐了。因為上帝帶給夏安逸（「引逸」），但是夏不適逸，「弗克庸帝」（無法把上帝的警告引以爲戒），因而陷入大淫亂。「惟時天罔念聞」，只好癈掉夏的元命。殷湯接替夏，只要殷王不敢「失帝」，不敢不配天澤，就有天保佑。之後，當他們荒誕淫亂，則由周「丕靈承帝事」。[49]

4

摩西不只是耶和華託付去引領他的子民的人，耶和華還莊重地把他的十誡交給摩西。一般而言，人們使用超越的形象來把群體所呼求的規

則建立成絕對性的。然而在中華，這些規則直接與天地調節相關。它們根本上不需要被建構成「十誡」，而是直接出於天地運行所需的良好秩序，天地因而能留存。《詩經》裡說：「天生烝民，有物有則。民之秉彝，好是懿德」[50]。這些經典句子在中國思想後來的發展過程裡不斷地被援引，以建立人性來自天地之宏大進程（即「天」）的道德起源，人性就是天道的個別表露，也自自然然地秉承天道。所以律法的頒布就沒要求任何戲劇性的場景；也沒有召喚「幽暗的雲層」以讓神於雲層當中託付該律法給摩西。然而面對來自神聖的誡令，文王只用自身能力來順之：「帝謂文王：予懷明德。不大聲以色，不長夏以革，不識不知，順帝之則。」[51]在這個原始階段，沒有必要給最早的誡令編碼，因為萬物之治早在〔君王的〕內在道德裡彰顯出來了。

在《聖經》故事裡，神把最初的誡令落實到宗教性的和社會性的規定細節上。於是創造的神必須也是巨細靡遺的立法者。然而在中國歷史裡，誡令的編纂及其地位都是人君的工作，這工作正式落在他身上。君王德行與天應和，文王就合法地成了人世與天之間的仲介：「維天之命，於穆不已。於乎不顯，文王之德之純。」[52]於是「編纂成典」一開

46. 《尚書》〈酒誥〉，理雅各譯本，頁 401。

47. 同上，理雅各譯本，頁 409。

48. 同上，〈多士〉，理雅各譯本，頁 454-455。

49. 同上，〈多士〉，理雅各譯本，頁 456-458。

50. 《詩經》260〈烝民〉。

51. 同上，241〈皇矣〉7。

52. 同上，267〈維天之命〉。

始就屬於君王的尊榮，被編成的典章原則上確保了一個早已具有政治意味的功用：「維清緝熙，文王之典。」[53] 在一首祭祀詩裡，在文王祈求天接納他所獻之祭之後，他立刻被應允「儀式刑文王之典」。[54] 如是，文王擔保了從神的秩序到社會秩序之間的「過渡」，社會秩序因而融入了神的秩序。我們也在《尚書》裡讀到子對父或父對子的相互義務，以及兄弟之間的義務，「不於我政人得罪」，「天惟與我民彝大泯亂」，「乃其速由文王作罰，刑茲無赦」。[55] 摩西完全順服而且被動地接受神所發出的十誡，然而文王則積極主動地傳遞天的誡令，並把它們轉譯成（落實為）良好的社會秩序。在《聖經》故事當中（〈約伯記〉肯定能提供佐證），神與人的距離被作成了超越，而且此距離被人越挖越深，無節制地展開，甚至到了不可約比的底步。中華的君王倒是與天道完全合作，因而被提升到與天等同而分享天的絕對地位。

5

所以在中華，自從公元前一千年初所寫下的文本以來，就讓人看到調節道理是如何形成的，也看到該道理以消納神的超越性來使神無法深化（即不強化神的地位）。此時在中華的道和《聖經》的神之間已出現了一些間距：神作為人的形象以及神崇高的神聖光環，在中華都受到約

束。在中華，唯一的二選一乃在「治」與「亂」之間選出一個，因此中國人的神觀就不會變成，人對世界之外不可見的事物所感到的暈眩性的不安之載體。對中國人而言，只需要安置上帝，隨後以更明顯的方式去安置天，把天當作最高審級，從此秩序「下降」，亦即「君王」被託付去保證該秩序在人間得以妥當展開。中國人此後也不必再探問該「上帝」的性質，不必再問他是否「存在」，不必再問他是「誰」。和他是否存在的問題一樣，認不認識他的問題也不必再提出了。（古代中華的）「上帝」連於原始性的和常態性的，但是他沒被建構成奧祕：宇宙「調節」之理就在其自身的運行當中得到證明，也在歷史進程中得到佐證。這也是為何在中國思想裡神的形象沒被給予更多的重要性和實質；該形象既沒有用啟示來自我宣告，也沒有展開成大寫的真理。隨後也沒有和神結下悲劇，沒有用令人暈眩的意義來自我拓展。

　　面對人的行為和神的意願（神意）或計劃，《聖經》的確一開篇就提及意義的問題。在創世紀內部聖職文獻的雙重敘述裡，主要功能乃在建立秩序，就是在先前的混亂當中逐一地釐出條理以安置某種秩序。這是為何創世紀的結構和世界的源頭都是從巴比倫的宇宙創造論裡抽取出來的，它同時也小心翼翼地把巴比倫人的多神論成分剔除掉。然而在創世紀之前的耶和華故事，事實上則把人類安排成最先被創造的活物。人不僅是神關懷的對象，耶和華還造了動物以便協助人和陪伴人。他從亞

53. 同上，268〈維清〉。
54. 同上，272〈我將〉。
55.《尚書》〈康誥〉，理雅各譯本，頁393。

當身上取出一根肋骨來「造出女人」，好給亞當一個親密伴侶。然而伊甸園裡有了滿足，自身反倒引發了撕裂。神在那園子裡安置了一個最佳的秩序，反而因此激起了一個負面性的介入，從而抵抗該秩序；或說，原本該被感恩的神的恩慈，反而致命地帶來了人的不服從。在神的近旁打開了與神的裂縫：誘惑的吸引、墮落以及被趕出伊甸園；人在赤身裸體當中發現了羞恥以及有了自我認知的痛苦──或說，使人有了自我認知的痛苦。由此順理成章地湧現出惡的問題和人的命運之謎；隨後湧現出意義的問題，既作為可能的詮釋也作為最終的目的；該意義的問題此後一直纏繞著人類。

中國這邊卻沒有樹立原始舞台以便一開始就扯出一個無休無止的探詢，之後也沒有發展出對存在的反思而開啟了多種關於存在的解釋。在中國，不管在人的層面還是宇宙的層面，早已有一套關係性和功能性的安排部署，由此衍生出治理之道。此外，在中國重要的並非人（「亞當」），而是一方是「民眾」，另一方是君王的「德性」，君王被託付去把天的「掌管」或秩序體現在人的社會當中。以至於調節思維所織成的貫通理路事實上阻擋了人探索意義的問題，〔對他們而言〕意義的問題是深奧難解的。所以謎般的為什麼之大哉問不會湧現出來，該貫通理路也不會讓悲劇性的關鍵問題一直挖深──該貫通道理沒有任何洞口可讓令人暈眩的探索越陷越深。因為如果中國的治在時間流程當中被痛苦地打破了，造成了很多「災難」，中國人的歷史總會被下一個坐上王位的宗族修復而重建天命。他們認為一個惡政權所造成的偏差不會叫人遇

到惡的誘惑，也不會引發反抗，人因此不會急速掉進精神上的無依無靠；在此情況下只有神的救贖才能回應該無依無靠，因而證明了神是人面對不安時的重要救援。

四 ． 從懼到敬

1

　　中華文明早期發生的改朝換代過渡模式事實上建構了一種倫理：就是當周勝過商而建立了新紀元時，周並沒誇耀自己，周王室反而禁止表現任何自負態度。他們清楚意識到商所遭受的下場也可能臨到他們，於是不高調慶祝他們的勝利和自我嘉獎。「天命不常」，人們總受著可能失去天命的威脅，這使周朝新君王們引以警誡。他們並非出於挑戰了人類侷限而害怕激怒神明，像希臘英雄恐懼人不可一世的傲慢會帶來的後果；而是擔憂他們偏離了那讓他們獲得君權的正直行為，並可能因此失去該君權。從此，他們不停地表達審慎的、克制的、謹慎小心的態度，作為他們及其後代的首要義務。這個態度不只是謹慎（prudence），為了不惹毛強權或不違反處境；它更是警惕（vigilance）以使人道回應天道。自此使虔誠（religiosité）有了小小的轉向，如果不是轉變的話，而且學者們經常指出該態度的轉向 [56]：就是，周朝最早的君王們認為他們要為天下所發生的事情負責任，而不是把發生的事情的緣由推給超然能力，也就是不把他們的命運托給更強的力量。由敬而生出崇拜，隨後就有一種更克制和尊敬的態度。宗教情懷正在變化：面對更強的力量所產生的害怕漸漸內在化為「不配（德不配位）」的「道德不安感」。

---

56. 請參考特別是徐復觀的《中國人性論史》，第二章，臺灣商務印書館；牟宗三的《中國哲學的特質》，第三章，臺灣學生書局。

在一首頌揚文王的詩裡，文王不僅「亹亹」「翼翼」，詩還強調人們對他的尊敬：

> 穆穆文王，於緝熙敬止。假哉天命，有商孫子。
> 商之孫子，其麗不億。上帝既命，侯於周服。[57]

「文王，小心翼翼」同時帶來兩種結果，就是「昭事上帝」和「以受方國」[58]。如同在人類普遍文明裡，在中華文明裡，關鍵時刻或更準確地說「軸」時刻，也發生了「內在化」，從而產生出一種道德意識。文王就專注於這個時刻：

> 雝雝在宮，肅肅在廟。不顯亦臨，無射亦保。[59]

如果我們的態度不再受到別人的看法之約束，那麼從社會上的要求過渡到道德上的要求，準確來說是什麼狀況呢？即使當文王「沒被看到時」，他行事爲人仍然像在別人面前一般地謹慎。此刻，人的自我要求便從受到外面的監視而做出的行為，轉移到自己對自己的要求。上述引文裡說「無射亦保」，說的就是，他所保有的態度並非一時之久，而是常態性的。文王不是由於當下情況要他這麼做才做出的，或是他努力做而做成的，他的雝雝肅肅之態度已成了他的為人準則，也就是說該態度已提升為其個人倫理道德。

倫理道德從此成了核心，其特質就不只是超越了集體性的義務，它還避免信教層面獨立發展；也就是說，它能繼續扎根於虔誠的事物裡，如扎根於「天命」裡，但是越來越不依靠虔誠的事物以證明自己的合理性。佐證：文王作為周朝的創立者，此後被人們當作道德上絕對典範來歌頌，被人提升到神明地位，但沒有因此出現「封為神聖」（divinisation）的問題（好比羅馬皇帝）或「列為真福品」（béatification）的問題（如在教會裡）：

於穆清廟，肅雝顯相。
濟濟多士，秉文之德。
對越在天，駿奔走在廟。
不顯不承，無射於人斯。[60]

由此人對文王亡靈的頌揚就與人對天的頌揚混為一體：

我將我享，維羊維牛，維天其右之。
儀式刑文王之典，日靖四方。
伊嘏文王，既右饗之。
我其夙夜，畏天之威，于時保之。[61]

---

57. 《詩經》235〈文王〉。
58. 同上，236〈大明〉3。
59. 同上，240〈思齊〉。
60. 同上，266〈清廟〉。
61. 同上，272〈我將〉。

文王的繼承者說，這是為何「我其夙夜，畏天之威」，將保有天和文王的恩待。當先人是朝代開創人和第一位君王時，而且他又是社會和更高的大能之間的「仲介」時，這位先人就合法地因其美德而與那些更高的大能融合；他也因此使更高的大能力彰顯出來，並在地上作它們的代言人。建立天地的秩序從此讓人們直接通過這位代言人而得知；人們於是不再為了抵達神聖而需要去探索一個與神聖隔開的但可以觸及神聖的平台。

2

這種倫理道德安排所賴以建立的「敬」事實上是一個曖昧的字，或至少它涵蓋很廣。「敬」可以表示懼怕，就是說，敬乃在受威脅之下採取保持距離。「敬」也可以表示小心翼翼地專注安排和保管，亦即遵守秩序。然而，我們看到古代中國人的思維多傾向於第二種意涵（即使敬兩種意涵都有）；在中國，人對敬的「意識轉變」就表現在意涵上從一端過渡到另一端，就是從害怕到警惕謹慎，從一種被動感受的感覺過渡到一種堅決表態的態度；從而在神聖所引起的恐懼和暈眩裡不再對神聖感到興趣。最先的確是「敬畏」（crainte）問題，當人提到上帝「轉為怒」及其所造成的災難：

敬天之怒，無敢戲豫。敬天之渝，無敢馳驅。[62]

就如摩西的神，天此刻看得很清楚，而且不管我們去哪裡，天都能觸及我們，在我們慌亂當中追趕我們。這是為何我們對天的「敬」含有害怕和恐懼。

然而，人因對天的敬畏而感到的謙卑能助人回轉：首先對君主而言，謙卑的態度會使他變得非常謹慎地關注他的任務，以圖符合君王任務的要求。繼承了周朝開國君主之王位的嗣王也應當表現如是：

> 敬之敬之，天維顯思。
> 命不易哉。無曰高高在上。
> 陟降厥士，日監在茲。
> 維予小子，不聰敬止？
> 日就月將，學有緝熙於光明。
> 佛時仔肩，示我顯德行。[63]

尊敬從人感受到的敬畏變成堅決的努力，而不是在神裡面不停地深化；面對他要肩負的責任，嗣王說出他的苦惱，但也說出他鍥而不捨的毅力。詩開頭就是他向已逝的父王所說的：

---

62. 同上，254〈板〉8。
63. 同上，288〈敬之〉。

閔予小子，遭家不造，嬛嬛在疚。[64]

但此詩以應許行事競競業業作為結束：

維予小子，夙夜敬止。
於乎皇王，繼序思不忘。

這首詩的頭一個字「閔」同時表達兩種意思：怨言和同情，以及努力和聚精會神。在接下來的詩〈訪落〉[65]裡，嗣王承認他的先人們走得很遠，他本人無法治理得像他們那麼好；他期盼自己接近他們的成果，但是他離他們還很遠，所以他需要他們的光照來協助他。唯一的出路就是不斷地自我修正以求進步，[66]而不是陷入一種無能為力的情緒而變成哀求裡。對自己的挑戰還加上了堅持不懈：就是承認他的不足會使他更細心謹慎地治理天下；對超然的尊敬便漸漸轉為一絲不苟的關注。

此處有一種含蓄但關鍵的翻轉，從此帶來一切後續發展，因此必須非常貼近地觀察，在句子的漸次彎曲當中警惕是如何來自恐懼：

穆穆魯侯，敬明其德。
敬慎威儀，維民之則。[67]

該句子只能重述：從君王到所有的諸侯，從諸侯到他們的下屬，唯

一的建議是對自己的任務持「敬慎」態度——「敬慎」的建議甚至也對依靠田裡的收穫之耕作人做出的[68]。正是官僚體系讓人們最終得以繞過神。因為虔誠情感轉化成要好好管理天下的責任感，此轉化本身就具有道德實踐：就是必須用紀律和忠心、慎重考慮和決心來處理事情。「執事有恪」[69]，亦即個人的投入及實踐（「勤」的觀念[70]）。人們對所有要管理的事物都保有這份細心照管的態度。然而當我們把管理提升到倫理道德上的完善地步，就像中國讓人得以想像的情形，此刻「管理」指的是什麼呢？管理（Gérer）就是以負責的態度並且長久承擔，以求帶來成功而不是救恩，或更準確地說，以求使一些潛能得以完全拓展。這點對人和對情況都適用，即無止境地呼籲警惕和尊敬態度，甚至對待馬，君主之思「無疆」、「無期」、「無斁」、「無邪」。[71]只要不與世界隔離，人會無窮盡地關注構成世界的一切事物。

---

64. 同上，286〈閔予小子〉。
65. 同上，287〈訪落〉。
66. 同上，289〈小毖〉。
67. 同上，299〈泮水〉。
68. 同上，276〈臣工〉。
69. 同上，301〈那〉。
70. 同上，295〈賚〉。
71. 同上，297〈駉〉。

3

　　在古代中國，那不只是一幅「良君」畫像以及恆久地重述對他的頌揚：君主所持有的警惕性格是毫不自大、殷勤的並崇敬的秉性，這秉性使他謹慎地看顧廣闊的天地，以至於他能從容看待令人驚心動魄的遼闊。歷史就是從這種警惕之秉性含蓄地展開，歷史不是建立在某份戰功或某個神奇的介入，或某個奇蹟般的登上王座。「若稽古，帝堯曰放勳」：他「欽明文思」，就是說君王想到事物和情況時，心思總掛慮著世事。[72] 他「允恭克讓」，因此他裡面沒有任何令人驚歎的、特立獨行的或英雄式的事物；也沒有任何生理特徵使他顯得突出，就是說，沒有任何因素讓他一開始就贏得別人的仰慕。他倒是謙虛地忠心地影響著人世，即「欽若昊天」：一切存在的豈不該被人用尊敬、謹慎和謙卑之心看待嗎？第一位君王命令羲與和，要「寅賓出日，平秩動作」；「寅餞納日，平秩西成」。一切活動之完成都用這種足以保證興盛的要求，為君主及其臣民帶來和平與安寧；此處沒有一位創造並安排秩序的神，只有由這種普遍的尊敬態度獨自引導著可能的秩序與和諧。

　　「敬」是一切教導的首要關鍵字，不管在宗教方面、在道德方面或在政治方面（這三方面〔在那時代〕是不分的）。「敬」也是最後的關鍵字：「往欽哉」常常是君王勸導人們的結語。能說什麼更具有要求的話或更能強調什麼呢？呼籲要有謹慎之「敬」，從而產生循規蹈矩的調

節，隨後產生宇宙的調節；人們只能整日重複著該呼籲（人們只能在文本裡重複說它）。所以說這位嗣王的畫像幾乎是他的前人的變樣版本；舜「與帝相符」（即舜與上帝或說他的前任同出一轍），還需要區分他們嗎？他「深厚美德」聽於「上帝」（天帝或說最初的君王），還需要把他們分開嗎？在回溯到原始的調節過程當中，他們二者混為一體。這就是為何「在他全力關注五倫」而調節社會秩序之後，在他承擔了所有工程之調度師的職責之後，舜總是行其所言因而配得王位。這種政治和道德上的調節來自一種內在性的調節；這種敬慎的注意力首先必須在自己裡面要求自己，才能由內擴展到外在世界。若您「克永觀省」並「作稽中德」，則您能同時做好這兩件事：尊嚴地參與祭祀典禮和自由地享受慶典活動。警惕態度絕不會編出一套苦行的規則代碼。警惕本身是自足的，就免除了所有的誡律模式。

如果說這種敬慎態度是關鍵性的，它變成了中華文化裡最被看重的意識形式，甚至中華文化就是從它發展開來的，這是因為它產生於兩種相反的感受之結合。

惟王受命，無疆惟休，亦無疆惟恤。嗚呼！曷其奈何弗敬？ [73]

因為當人們逃離災難時而向天抱怨，天則「眷命用懋」，「王其疾

---

72. 《尚書》〈堯典〉，理雅各譯本，頁 15。
73. 同上，〈召誥〉，理雅各譯本，頁 425。

敬德」，與小民相和：「王不敢後，用顧畏於民嵒」。周王也沒殲滅那些服侍過殷商的人，「王先服殷御事，比介於我有周御事，節性惟日其邁」。懲罰他們就會失去他們的協助，他們因這份寬容而修正自己。周王之所以能不勉強地就取得了這個結果，其源頭就是：「王敬作所，不可不敬德」。這種道德意識的建構形式適用於人與事的管理，就免除了其他任何掛慮，包括宗教性的掛慮──這就是為何該形式的獨特性值得深入探索以理解中國政治的本質。當「上下」，即君王及其諸侯們，都表現出對敬慎的念茲在茲與努力，君王才能「以小民受天永命」──中國人今天在回應西方民主概念時還說，那就是「民主」。君王對人民生活表達的敬慎就使他被賦予天命：帝制意識形態就是建立在這種互相擔保上面──於此還需要引入某個純粹神意嗎？

「敬」的字義也於此大大地被打開了，在由慎所發出的警惕、念、顧和敬忌之間產生出多樣變化的微妙心理。在使用懲罰方面所表現的極端謹慎，就是政治上對「敬」更具體和直接的應用。「要囚，服念五、六日至于旬時，丕蔽要囚。」[74]（要囚禁某人之前，必須考慮五、六日，甚至十日，才下決定）。也不能滿足於按犯罪的大小而決定懲罰的輕重，而是必須分辨罪犯是否「走到底（死磕到底）」而故意違反規定，或分辨所犯之罪是否出於不幸，從而讓罪人有藉口為自己辯護。警惕就表現在審視細節，任何細節都不能忽略：對所有的人和情況所表達的恭敬裡，無懈怠也無頑固不通，僅以細心並適合的方式呈現出來。然而中國人警惕的運用已推進到管理世界，哪還有空間容許插入對另一個世界的掛慮

呢？哪還有位子留給對神的等待？

4

上述的最早的經典被建構為中華文明的基本典籍，幾個世紀之後，對人和事物所表現的「敬」就成了儒家教導的核心。其實，直到公元前五世紀，周朝的王權已被嚴重削弱了，因而讓敵對的諸侯國有機可趁而想要強加他們的霸權。因此人們的要求就普遍轉移到人自身內在，而且越加鞏固：

子路問君子，子曰：「修己以敬。」[75]

這句格言本身自足，我們只能展開它以探究竟。人修己以敬，就能保證別人得以休息，並保證全體人民的安寧（以安百姓），孔子承認，甚至「堯舜其猶病諸」（即使堯舜都很努力才得以修己以敬）。歷史的沒落會使人對修己以敬較不樂觀嗎？該說法倒是相當通行。樊遲問仁，仁是孔子教導裡的主要觀念，「子曰，居處恭，執事敬，與人忠，雖之

---

74. 同上，〈康誥〉，理雅各譯本，頁 390。
75. 《論語》〈憲問〉45。

夷狄，不可棄也。」[76] 仁敬二者確實並肩同行：敬事而信[77]；以至於該觀念變成了策略性的：敬是成功的保證。不過，孔子也說：「暴虎馮河，死而無悔者，吾不與也，必也臨事而懼，好謀而成者也」[78]。

然而在這種道德觀裡，孔子承認自己是上一個千年的末期周公（歷史道德化的開端）的直接繼承者。孔子就說他本人「述而不作」，提倡以克己來執行君權。這兩者都強調「憂」觀，不僅憂天下，首先就憂己身：

德之不修，
學之不講，
聞義不能徙，
不善不能改，
是吾憂也。[79]

君子是有「警惕之憂」的人：他有道德之「憂」但不貧乏[80]。君子自我「反省」：「見賢思齊焉，見不賢而內自省」[81]；直到心生羞恥感[82]。所以人的行為舉止的核心有一份畏懼，人的舉止最終就改變了：從對超然的畏懼，變成畏懼人本身的異常。孔子死後兩個世紀之後有一位孔學繼承人，荀子，這荀子也是第一位把所有的人格化從天觀裡剔除掉；荀子分析了該「危險」在人的舉止當中是改正的開端：舜治理天下時，其政府的成功不是來自它負責人民的教導，而是來自政府持續地「處一危之」。「凡人之患，蔽於一曲」[83]。因為在人的行為裡預見了「危微之

幾」，所以只有君子能在行為舉止裡勝過最微小的異常，並理解他為何能得勝。

5

在倫理道德的源頭及其要求上面，在消除面對外在強勢的畏懼而且把此畏懼轉變成內在擔憂的過程裡，有很多逐漸累積的並小心翼翼地組織的一致性，人們會樂意把那看作掙脫了上古的恐怖之普遍的文明進步。不過我們也想起人類起初差不多到處都可能感到恐懼——亦即不覺得「在自家裡」（德文：Unheimlichkeit）——可能在（更靠近我們的）歐洲有過不同的發展過程。在歐洲，人反抗碾壓人而主宰他的超級大能（佛洛伊德還稱之為 Hilflosigkeit）人需求一份支持力量能帶給他如果不是安心至少是鬆口氣——「神」就為此需求提供了服務。人底子裡

---

76. 同上，〈子路〉19；〈季氏〉10。
77. 同上，〈學而〉5 和 6。
78. 同上，〈述而〉10。
79. 同上，〈述而〉3。
80. 同上，〈衛靈公〉31。。
81. 同上，〈里仁〉17。
82. 同上，〈里仁〉22；〈子路〉20；〈憲問〉1。
83. 《荀子》〈解蔽〉。

的倉惶失措漸漸深化成對神聖的害怕。在希伯來和基督教的傳統裡，該害怕自我建構成面對神時感受到的無限恐懼：「腳尖觸到了深淵的岸邊」，再也找不到任何憑靠來支撐自己，人就在莊嚴的神面前顫抖並感到「暈眩」（希臘文：illigia ἰλιγγιᾶ）。被創造的自然無法忍受神的存在所造成的太強烈的密度，此強大密度因神那過份的偉大而使被造的自然感到驚愕和惶恐不安，就是說人心變得焦慮不安（「痛苦」難堪），人就只會畏縮和反感。對從亞歷山大城的菲隆（Philon d'Alexandrie, 約公元前 20－公元 45）到教會最早的神父們而言，神的不可及更甚於神的不可知，因此產生了人面對不可約比的事物時所感到的恐怖。與此同時，人正是憑靠這種不安的痛苦去凝聚思想並在禱告裡更有力地擴展思想（譬如金口約翰〔Jean Chrysostome, (344-349)-407〕）：對神的「恐懼」越大，就越崇拜神，受造物對創造者的傑出和優秀就越表現出無條件的讚頌。

然而在基督徒這邊，那可不是一種原始態度的遺留物，後人在思想上加工之後而含有的淨化過的事物。「焦慮」概念指出精神上的無依無靠，它其實是歐洲現代性包括世俗化的現代性的核心。亞伯拉罕收到去摩利亞山上獻其子以撒為祭品的命令時，其內心的恐慌是永遠無法超脫的（齊克果在《恐懼和顫慄》裡的看法）。所以起初沒有希臘人所感到的「驚訝」或安置成原則的「質疑」，但有「失望」：主體只有單獨承受著匱乏感，在他內心孤獨感裡擺脫了所有作為靠山的信條之後，才會向深不可測的謎敞開心懷，於是戲劇性地感覺自己的「存在」。最初的

恐懼深化成了焦慮，這焦慮如其所是，沒有明確的焦慮對象和原因，這正是人自我認知之原始經驗。即使在伊甸園天真無邪的氛圍裡，人活在神的面前而且處於無知的原始狀態，這樣的天真難道不已隱含著空無感覺嗎？此感覺不是事後作為結果才湧現的，而是因為它是不可約比的，就促使人不順從甚至犯罪（仍是齊克果的想法）。此後，該焦慮從根本上轉向神而呼求神以從焦慮裡解放出來。（反觀中華），從畏懼變成警惕之敬則使中國思想把「禮」建構為人的行為準則。（歐洲人）從失望的最深處向神發出呼求就在神學的理智證明之外滋養著（向神的）祈禱。

五．　祈禱或禮

1

十多年前在法國出版了一部關於祈禱的世界地圖（《當人們向神明們說話：各種文明的祈禱史》[84]）。這部書收集了大量從上古以來出現在世界各地的不同類型和文本的祈禱：古代埃及和古代近東、印度、古希臘和古羅馬、佛教、猶太教、基督教、伊斯蘭教以及黑色非洲[85]。但是這份世界地圖卻有一個漏洞，而且不是小洞，就是它完全沒提到中國。這個觀察結論是事實性的。它不令人反思嗎？該書說，人通過祈禱表達人的「偉大」和「軟弱」，這說法確定嗎？「偉大」和「可憐」這些用詞仍然屬於帕斯卡語彙，不是嗎？該（祈禱）現象適用於中國嗎？因為在中國隨著人的原始自我認知所經歷的轉變，生活中的方方面面都要求人的行為舉止要有敬，從而造成了一種以「禮」為中心的文明。禮就是行為的形式化，亦即在任何情況裡人都要小心翼翼地秉持合禮的心態：個人的行為就在守禮當中默默地符合宇宙秩序，從而構成了階級有序的和諧。在這個以禮為核心的文明裡，祈禱變得無用了，所以它（祈禱）的發展被堵住也被掩蓋了。

在祈禱和禮之間的間距開端之處有一件巨大的事情，我們不得不追蹤從它衍生出來的後果，那就是，宗教性的事情在中華主要是圍繞著祭

---

84. M. Meslin 編輯，Bayard 出版，2003。
85. 黑色非洲指的是除了北非和埃及以外的非洲。——譯註

祖來安排的,所以基本上屬於家族性質,它的架構完全是從親屬關係出發來展開的。以至於今天翻譯「religion」之通用的「宗教」一詞,字面義是「祖宗的教導」。殷商時祭祖是王室的祭拜活動,由被視為眾人之父的商王室之主來執行。祭拜的對象有王室最遠和最近的祖宗,甚至有王室建立之前的祖先和死去的大臣,還有被人格化的大自然之神明——山川、大地和穀物——這些自然界的神明也被人用向朝代的祖先們祭祀的同樣的形式來祭祀,並同等於他們。被祭祀的對象都被當作至上的權力而為人懼怕和尊榮。禮拜儀式事先都必須占卜或按照規定日期來執行(所謂的「古」制或「今」制),總是以祖宗為軸心來安排禮拜儀式。然而在商朝末期,這種文化上只有王室才能獻祭的獨一論,因葬禮的變化而擴大到貴族成員的祭祖儀式上,最終擴及了整個社會。

中華文化體系的確從周朝起按照一種雙重漸弱層次來安排。一方面是階級層次:根據社會階級從上到下,祭祖用的宗廟數目漸次減少:天子有七座,諸侯們有五座,大臣們有三座,鄉紳們有一座,普通老百姓在自己家裡祭祖。另一方面是世代層面:除了對開朝王室的祖先所作的「大禮拜」是永久性的之外,近親的祖先逐漸離開他們的宗廟而變成比較遠的祖先。五個世代之後,這些祖先就不再受到定期的個別禮拜,他們於是被混入無名的祖先群裡,因此遭受類似第二次死亡:他們從「神」變成「鬼」。這樣的文化框架具有社會性和時間性,既是固定的也是漸次變化的,它緊緊框住以家為中心的活人和死者的整個共同體。這個共同體統一被稱為「家」,「家」這個象形字表示一隻豬在屋頂下面被

獻祭：社會和政治組織的開端就是「家」，家的結構最初就由祭祖形成的，祭祖活動則由長兄來執行。我們於此看到，這種文化結構在形式上多麼細致——後來的禮儀就強調該形式。我們也看到，該結構極具整合能力，本身就擔保了從人到神的持續性。它只容許自己被建構成獨立的宗教層面，也只給自己一種「祭司」功能：（在這個例子裡，我們）再一次（看到），「超然」沒被孤立出來。

2

所以此處必須把「神被消納」和「社會的建構」連起來探究。上述那些極少數種族性事實所帶來的後果，對後來的哲思卻起了相當重要的關鍵影響。祭祖活動的領袖是宗族的主要繼承人，這就帶來了一件重大事實：在古代中國，祭祖領袖不是從祭司階級訓練出來的。獻祭儀式由家族族長或由此族長委任的家族重要成員來執行。族長會由獻祭程序輔祭專家們協助，但是唯有他是獻祭者：朝代建立者是「大祭司」，其他的祖先則是「小祭司」。宗族缺乏繼承人的時候，祭祖儀式就會致命地中斷。為了解決這個問題，文化組織的結構不是從父到子縱向傳承，而是從「兄」到「弟」橫向傳承；而且也包含領養關係[86]。人們也用這套文化體系來確保自己死後在彼世得以繼續存在，但不是以「être」地位

並在存有本體論上與身體分開的「永恆」（éternité）裡存在，既然這與人的靈魂沒有任何關係；而是只要向祖先的亡魂獻祭的儀式被子孫們延續下去（perpétués），就以「幾千年」為名，一種無限定的長久，即「永久」（perpétuité）長存。這套文化體系不會在可見的與不可見的之間引入原則性的斷裂，但有從可見的到不可見的漸次性的過渡，而且這僅僅通過使前人逐漸消失的世代更新來達成。隨之而來的，也不會在可見的與「之外」之間設立如別的地方以神的形象所建構的巨大鴻溝。

《詩經》裡有頌揚祭祀儀式的詩，首先就讚頌周朝祖先（武王對文王的頌讚）。這些頌讚讓人看到他們互相支持：一方面是武王對文王的莊嚴致敬，另一方面是文王同意給他的兒子的祝福，首先是長壽：

> 有來雝雝，至止肅肅。
> 相維辟公，天子穆穆。
> 於薦廣牡，相予肆祀。
> 假哉皇考，綏予孝子。[87]

武王向文王求「眉壽」和「繁祉」。這個要求符合祈禱的本義嗎？在周朝廟廷裡所演奏的音樂，「先祖是聽」[88]。然而在獻祭的核心，一切反而默默地進行：

> 猗嗟嗟烈祖，有秩斯祜。申錫無疆，及爾斯所。既載清

酤，賚我思成。

亦有和羹，既戒既平。鬷假無言，時靡有爭。[89]

「賚我思成」，而「鬷假無言」。其間有「和羹」，而且「既戒既
平」（根據顧賽芬〔Séraphin Couvreur, 1835－1919〕的法文譯文：
「我獻上和羹（或用音樂）以求得祖先的關注，而不用話語，就沒有爭
執」）；理雅各（James Legge, 1815－1897）給「鬷假無言，時靡有爭」
的英譯是：「By this offerings we invite his presence, without a word,
／ Nor is there any contention〔in any part of the service〕」。然而該
句乃在說明君子之行如何順應天之行，不需要自我彰顯，君子「不言而
信」[90]。效能「無言而生」，這就是中國思想的重要事先假定之一，與
強調聖言的大能正好相反。此外，它與認為祈禱──作為有聲的祈禱，
「正常的」祈禱[91]──固有的至上效力不會在無言當中展開之想法相左。

───

86. 請參考汪德邁（Léon Vandermeersch），《王道》（*Wangdao ou la Voie
royale*），Ecole Française d' Extrême Orient 出版，第二冊，第 10 章。

87. 《詩經》282〈雝〉。

88. 同上，280〈有瞽〉。

89. 同上，302〈烈祖〉。

90. 請參考《中庸》第 33 章末。

91. 請參看〈正常的祈禱方式是大聲說出來〉（「The normal way of praying
was to speak aloud」），收入 W. Eichrodt 的《《舊約》神學》（*Theology of the
Old Testament*），The Westminster Press 出版，1961。

3

　　為了理解古代中華文明的結構當中沒有發展祈禱這個事實，必須注意「程序性的」勝於話語性的。就是說，最要緊的是運作模式。〔關於神聖的議題，〕此刻需要再一次衡量運作模式理論上的重要性，以抗拒神學上的重要性。的確，就如祭祖文化裡的獻祭是由家族的族長負責執行，而不依靠某個特殊祭司群，但是該族長反倒更需要有人來指導他如何執行祭祀。所謂的「占卜」（divination，不過此處還會和「神明的、神聖的〔divin〕」的本義有關嗎？）就被用來作為指導他的程序，不過那些為族長獻祭時提供輔助的祭祀專人，卻不會因此變成祭司群。新石器時代結束之際很快就出現了一種事發後作為核證用的占卜活動，以核查永久性的獻祭是否被妥善執行：從被獻祭的動物甲骨上焚燒所留下的痕跡去分辨，該獻祭是否被獻祭對象（就是「之外」的大能）滿意接收了。那之後，隨著這些祭祀程序越來越精緻的發展，執行次序發生了一個翻轉，就是先占卜後獻祭，從而以占卜取得的結果來主導獻祭過程，以便用最正確的方式來執行獻祭。此後就造成了操作模式勝於獻祭的完成，人們逐漸更加關注前者，對後者則越來越不在意。獻祭因此歸於執行獻祭的程序之下，人的關注便從獻祭本身移到祭祀的形式表現上；結果是整個宗教虔誠意識蛻變成所謂的「禮儀」意識。

　　早期中華文明與我們的文明還有一個「間距」，就是啟示作為獨一

無二的特徵——但是此處（中華文明）還關乎「啟示」嗎？——不是通過話語而是由「跡象」（d'après le tracé）來揭露的。占卜不是用（阿波羅神的女神論）丕提（Pythie）或先知的聲音說出的，而是用祭祀之後動物肩胛骨上的裂紋來進行的（骨占卜〔ostéomancie〕）；隨後在龜甲上用火燒打而使它產生裂痕，隨著龜甲兩業的平均分布（龜占卜），這些痕跡更容易識別「吉」或「不吉」；最後，用蓍草來卜卦，則更方便操作（筮占卜）。占卜過程如是地改善，操作性能越來越好，終於過度擴展到不顧神性的技術自主性。然而「禮」既保留了程序性也保留了神性。因為一方面，卜筮系統化：「昔三代明王皆事天地之神明，無非卜筮之用，不敢以其私，褻事上帝」[92]。其目的是不犯日月（就是不會選錯日期），一切都要符合卜筮。另一方面，從殷到周，禮（之重要性）逐漸超越了神明：「殷人尊神」，「周人尊禮」[93]。

4

中國人很早就看重占卜裡的裂痕之重要性，象形中文字之源頭與之有關[94]。世界上曾經有過其他的象形文字，唯有中文留存至今：這個文

---

92. 《禮記》〈表記〉（顧賽芬法文譯文，頁 510-511）。
93. 同上（顧賽芬法文譯文，頁 498-499）。

107

字特點透露出什麼？尤其對宗教性的演變帶來了什麼後果呢？我們在別的地方常常觀察到「話語勝於文字」之現象——德希達所揭發的話語邏輯中心論（logocentrisme）——確實不適用於中華文明：這個文明裡的跡象和線條（la trace et le tracé）有其固有的系譜及其自主的「登錄」能力，而不僅僅在傳遞一句話。就此而言，還有一個深具意義之處，即出現在甲骨上的裂痕沒被解讀為預警的先兆以透露占卜的事件內容之主要線索，因為占卜所得出的徵兆本身就具有診斷價值。占卜者並不探問神明，而是探測神明們對人的獻祭之反應：「其技藝不在於獲得對提出的問題做出的回答，而是獲得一個啟發性的徵兆，得以揭示一個假定的行動會帶來的後果。」[95] 面對「說出的話語具有宣告性能力」，中國人倒是更喜歡話語的「指示性」價值，指示性的話語本身就是沉默所留下的痕跡——《論語》裡孔子的「微言」即可佐證。此外，甚至在宗教框架裡，話語也以祈求的或詛咒的咒語形式在許願的告白裡激增並擴散。然而許願的告白沒有純宗教性的靈性，它們多出於魔法，屬於專職人士的任務（大祈求者、小祈求者、葬禮乞靈人、狩獵時的祈求人、咒詛祈求者，等等），這些早已成了「天上官僚體系」……。此後，他們的激增擴散和他們的類別化本身就使那更內在的祈禱無法進一步發展或被掩蔽了。

　　「天命」保證宇宙的調節而且人的行為必須體現該調節，在此情形之下，「祈禱」有何用？事實上，假如祈禱沒有任何形而上的焦慮來滋養它，假如世界根本的一致性沒被質疑也沒讓人感到不安，祈禱會變成

什麼？《尚書》裡說，「王其疾敬德」，「王其德之用，祈天永命。」[96]
我們於此看到在治理天下當中「敬」德之用，只要君王配得天命，他就
能「祈天永命」。有位評論家強調說：「天命完善公正而不能求得，此
處之祈乃美德之延續，乃不祈之祈」。「不祈之祈」，甚至在生活裡做
到的，就是說，在個人的正直裡，無需話語。於是在這個根植於宇宙和
諧的相符相合的世界裡，人的祈禱找不到裂縫可讓它有容身之地；也找
不到禱告的對象；找不到不值得人去承受的不幸，讓他呼求反抗。此刻
甚至他內心深處不再有絕望需要宣洩、不再有期盼需要告解、不再有苦
痛需要安撫，總之，不再有「主體性」需要安慰，不是嗎？

> 子疾病，子路請禱。
>
> 子曰：「有諸？」子路對曰：「有之。誄曰：『禱爾于
> 上下神祇』。」子曰：「丘之禱久矣。」[97]

孔子反諷地說：「禱告真的存在」嗎（「有諸？」）？不論如何，
我們於此看到一個對禱告明顯不在乎的表態：孔子不假裝（不演出丑劇）
或事後才那麼說。朱熹以博學的口吻對之加以註解：「禱者，悔過遷善，
以祈神之佑也。無其理則不必禱，既曰有之，則聖人未嘗有過，無善
可遷，其素行固已合於神明，故曰丘之禱久矣。」的確，禱告本身會提

---

94. 汪德邁，《中國思想的雙理：占卜與象形文字》（Les deux raisons de la pensée chinoise, divination et idéographie），加利瑪出版，2013。

95. 汪德邁，《王道》，法國遠東學院出版，第二冊，頁 289。

96. 《尚書》〈昭誥〉，理雅各譯文，頁 431。

97. 《論語》〈述而〉 34。

供什麼補充或附加物呢？它給內在性的過程提供何樣的（無用的）添加物？因為就如基督教常說的（從特土良〔Tertullien, 160–?〕到克絡岱爾〔Claudel, 1868–1955〕），在經歷考驗時，生活本身就是禱告；然而〔古代中國人認為〕生活可以不需要禱告，只要人們的行為符合倫理要求。反過來說也可以，亦即只要我們的行為符合倫理要求，我們在生活裡就不需要禱告以作為抵抗。孔子回答一位用拐彎抹角的方式想邀請孔子來服務於他的人，說：「獲罪於天，無所禱也。」又：「苟正其身矣，於從政乎何有？不能正其身，如正人何？」⁹⁸

5

只要我們沒更貼近地理解「禮」這個字所表達的內容——礙於我們的語言裡沒有與之對等的字，我們平常把它譯成「rite」——，我們就無法理解「禮」如何取代了禱告，它最早時則與禱告形成了二選一。按照我們對 rite 的理解，世界各地的「rite」都充滿宗教虔誠現象，它表達整體的禮拜儀式，因而構成了宗教之核心。然而被我們譯成 rite 的中國人之禮觀卻有完全不同的延伸，中國人的禮觀之意涵既是更根本性的也是更全面性的。孟德斯鳩是最早清晰看到該點的人。他說：「中華的立法者錯把宗教、法律、風俗和言行方式混在一起：這四個方面一切是

道德，也是美德。有關這四點的誡令就是我們所稱的 rites。」[99] 孟德斯鳩說那是「混淆」（Confusion）；或說，難道不是我們在歐洲武斷地區分該四個不同領域，因而看不到有哪個貫通性穿越了那些領域並使它們連起來？或，甚至「宗教」一詞普遍上不再適用於中華，既然在中華大地上其所關乎的是祭祖以及祭祖給整個社會的教導方式？孟德斯鳩早已說過，在斯巴達的來古格士（Lycurgue, 公元前 800-730 年）「制定了一套相同的法碼〔旨在處理公民們的活動〕、風俗〔處理人內部的行為〕以及言行方式〔處理人外在的言行〕」。而中華的立法者「做得更多」，亦即「宗教」也是社會規範的成分。換句話說，如果斯巴達在歐洲人的視野裡關出了一個特例，甚至一個極端例子，「中華案例」則越出了歐洲的框架，甚至顛覆了該框架，因為中華政府「在確實遵從禮當中取得勝利」，該國的人們「青年時期全都在學禮，他們一生都在實踐禮」可為之佐證。

有關中華文明，孟德斯鳩以傑出的方式捕捉到互相關聯的幾點。第一點是，「嚴謹組成的」中文字與實踐禮之重要性彼此關係緊密，由於學習中文和學習禮都要求「律己」。其次，禮的規定來自人們的「共同實踐」，就比任何的「理智」內容對人有更強的控制（不過禮本身「不會因此具有靈性內容」，如孟德斯鳩所下的結論，他仍然太堅持我們歐洲人的二元對立論，不是嗎？）。最後一點，就是中國人一生在公私各個方面都遵守禮——「言行方式、風俗、法律和宗教都是同一回事」——，禮的大能使

98. 同上，〈八份〉13。
99. 《論法律精神》（De l'Esprit des lois），第 19 卷第 17 章。

得中國人在他們的歷史當中能漢化那些征服了他們的蒙古人或滿洲人，而不是在被這些人征服之後，文化上受到他們主宰和影響。孟德斯鳩看到「帝國安寧」是各屆政府的目標，它因此要求人民通過禮以建立階級附從關係，對父輩，最先對死去的父輩的尊重正是所有的社會結構的基礎：「他們不可能那麼尊榮已逝的祖輩而當他們活著的時候不尊榮他們」。此後，中國人的宗教特質就只有從活人到死人這個時間上的不同：「對死去的祖輩所作的儀式與宗教的關係多一些，對活著的祖輩所表現的儀式則與法律、風俗和言行方式的關聯多一些」。然而那只是「同一套法碼的眾多部分」。孟德斯鳩於是得出這個觀察結果，在該書開篇就提出，透露了他對中國人的理解具有令人驚訝的洞察力，首先就因他的預知能力，他說：「基督教幾乎永不可能在中華立足。」[100]

我們譯成 rite 的禮確實植根於古代中國人最注重的祭祀活動裡，根據中國第一位重要的詞典編纂家許慎的看法：「所以事神致福。」禮含有示〔表示與神明有關的字根〕和表音的豊。更準確地說，禮指禮器，在周朝時特別用於呈現獻祭的肉品或澆祭酒[101]。雖然我們認出了禮於上古時代就與有歷史記載之前的祭祀儀式有關，我們也看到禮隨著中華文化的發展而擴大了它的應用領域：禮擴及了有關獻祭的事情之方方面面；隨後擴及了與獻祭相關的工作；最終擴及了人的種種行為；最終演變成我們可稱之為「行為規範」（normes comportementales）——我此後就把禮譯成「normes comportementales」，我們不得不越出我們對「rite」的觀念而使我們的字詞去範疇化。一方面，「規範」（norme）

說的是被規定的並被合理化的以及使用上的普遍性，這既是正常狀態也是它的規範性質。另一方面，「行為的」（comportemental）表達外在面貌，像被社會看到的並評斷的行為舉止。這兩個字合起來表示原則上的有效性以及功能性價值，它們在中國人的思維裡緊密連結，就讓人思考最平常的道德——「風俗」和「言行方式」——如何能毫無斷裂地植根於我們在其上游理解為「宗教」的裡面。

確實，在中國思想裡慣常會把「禮」與兩個其他的同音異字連起來。一方面是「履」[102]，如許慎指出的，如果不是字源上的連繫，也是在隱喻上連繫。因為鞋子框住人的腳並牢固地支撐人腳，就同時給人以形態和憑靠；同理，「禮」在人的作為當中框住人的舉止，讓人不偏離正道。我們每時每刻「履」住我們的行為，就像我們穿著鞋子以便走路。另一方面，在另一端，作為行為規則的「禮」與「理」同音，「理」變成中國思想裡最抽象的，表示萬物存在之「理」（la « raison » des choses）。理這個字最先表示一塊玉石被琢磨之後所呈現的紋路，順著這些紋路就能最好地切割該玉石；隨後由這種結構的條紋發展而表示在根本上與世界進程相符的貫通道理。從同音異字變成同義字，「禮」因此類似最微妙的思維原則「理」。禮就含有最具體也最明顯的規定——也是最謙虛和最吹毛求疵、最獨特和最繁文縟節——最高層次的理解力，在禮的概念裡，人的思想能一致地抵達這樣的理解力。

---

100. 同上，第 18 和 19 章。

101. 汪德邁，《王道》，同上，第二冊，頁 275 起。

102. 請參考《易經》第十卦。

6

　　在希伯來的傳統裡，禮儀上的規定常與某件事情緊密相關；這些禮儀有紀念性的價值，使一個民族的獨特歷史和神的介入連在一起：「你們要遵守無酵節，因為就在這一天我使你們離開埃及……」。然而在中華，我們所稱的禮儀規定所具有的功能不在於把神的計劃寫進人的時間表裡，這很可能使我們感到震撼；中國人的禮乃在於持續地伴隨宇宙秩序並順此秩序來建構整個人間關係網，首先是父子關係，因而使社會與大自然相合，或說使文化性的事物融入原始的（l'Originaire）之內。人通過妥善管理的活動而整合入了宇宙秩序裡，而不是用神明的掌控來對抗宇宙秩序。《尚書》首篇〈堯典〉裡說 [103]，堯「乃命羲和，欽若昊天，歷象日月星辰」，「寅賓日出，平秩東作」；「寅餞納日，平秩西成」。然而發展到如此地步的文明，它接納來自宇宙的能力意謂什麼呢？小心翼翼地關注宇宙秩序並妥善保管它，順著它的內在理路而使自己融入其中。「寅賓日出」（我迎接日出如賓客），或準確地說，沒有「如」（comme），此處只是一個意象。對大自然的能力和對萬物普遍的敬意，在人類與非人類之間的關係如此地被展開來，怎可能持續地感覺自己在世上沒有「安身」（德文：Unheimlichkeit）？而〔在歐洲〕正是這種無法安身的感受滋養了人的焦慮不安和對神的祈禱。

　　（中華文明）對時間和季節的安排並非突發事件式的，而是有周期

性的並具有日曆功能，從而系統地把人在地上的生活比照於天之運程；這種安排確實有使命地要把人的「行為」建立在宇宙的框架規範上面。由此帶來的「符合」道理，正是「禮」所表達的，但是這一直是中國思想裡從未被質問的重大主題（沒被質疑過）。文明的秩序接下了天的秩序的棒子，使天的秩序移到人間並在人間完成。就是說，行為上的「形式主義」之功用就是把宇宙運行的（「天地」）規律轉化為社會調節規律。帝制行政系統隨著時日也如是地大大發展，致使富麗堂皇的行政部門繁增不已，服務工作程序也日益複雜，整個國家行政機制出現了驚人的興盛，甚至其他地方都望塵莫及。即使如此，中華帝制行政系統的概念仍根植於「因循規蹈矩而產生的統一結構」裡，沒有任何其他的原則能抵制它或與它競爭。它提倡的「和（諧）」意識形態浸染著一切，而且幾千年期間不曾動搖。甚至即使現代西方曾給它出過幾次重擊，它今天已消逝了嗎？在中華不會出現一種「屬於凱撒的」秩序和一種「屬於神的」秩序並存的情形。與其被賦予一個「最終目的」（欲望產生於缺乏，於是呼籲進步：這就是最終目的），中華文明之結構只用它本身的「一致性」來自我證明為合理的，它因此是自足的，既然它是一種無限地普遍化的調和一致。隨後，它就無法留給「他者」和外在性任何位子。我們才著手要衡量這件事實，就是如果中華曾經繞過神，這是因為它沒認清他者性。

---

103. 《尚書》〈堯典〉，理雅各譯文，頁 19-20。

7

如果我們想仿效普魯塔克（Plutarque, 46?-125?）那般地撰寫「平行的人生」（Vies parallèles），但把規模放大到文明的階層，我們或可對比摩西和周公的生平。他們兩人都是人民的導師，而他們的成果卻是對立的。猶太人稱亞伯拉罕為「我們的父」（Notre Père），而稱摩西為「我們的導師（夫子）」（Notre Maître）。摩西是在神宏偉的顯現景象當中接收律法和儀式規定，此場景表明神與其選民立下盟約。摩西在西奈山上會見神，這山此刻因神於火中降臨而冒著烟：「整座山強烈顫抖……」。神在自我顯露時卻掩蔽其正面。之後，當摩西下了山並發現其族人造了一座金牛，法版隨即破裂，盟約因而中斷了而災難降臨了……。所有發生的事情都指出了神與人之間的距離將越來越遠，由此產生了「無法被整合的他者」，也從此悲劇地衍生出期盼和不信任、啟示和定罪、神怒與和好。其中既有股切憧憬也有悵然失落，這一切日復一日地、痙攣地被發展成一個從未被截然定形的命運。然而（反觀中華歷史）身為文王之子以及武王之兄弟的周公，負責培訓年輕的成王；此刻，中華歷史面對人間秩序而開始自省（公元前一千多年），周公是偉大的治理者和導師，並非某個「選民」的導師，而是「天下」文明的導師。周公被中國人公認為奠定歷史道德教訓之人，此道德教訓就是天命從德不配位者的身上收回以給最配得天命之人。人們也認為他革新了祭祖儀式以使其擴大到旁支，並從此延伸而框架了整個社會。他特別被看

摩西或中華　Moïse ou la Chine

作是「禮」的制定者;「禮」確實是周公的重要成就:

六年,朝諸侯於明堂,制禮作樂,頒度量,而天下大服。[104]

「明堂」就是讓教導清晰照人之處,它的原型是祭祖之廟堂,加上祭天之廟堂,「明堂」正是莊嚴舉行「禮」之處。明堂本身具有純宇宙學的藍圖:建在南郊(圜形的祭天高台的宇宙極),明堂的圜形屋頂就像穹蒼,方形建築像方形大地,五個部分隨著東西南北中五個方位來部置,應合了一年的五個節期。君王按照陰曆輪番使用它們。君王也可以單單依據明堂的分布圖來住在其中,他就在行為當中體現宇宙規範。

所以必須閱讀上古古文裡並列且重複的扼要句子 —— 雖然這重複的句式現在確實使人感到疲倦。《尚書》早就記述了周公「不敢不敬天之休」,他(周公)在巡視和卜卦之後才確定周朝定都之地;這表明天上和人間明顯地有牢固的連繫,所有戲劇性的故事於是一開始就被退潮了。[105] 在周公的身教之下,年輕的成王想要發展其先父之德,「奉答天命,和恆四方民」,成王難道沒有其他可能的政治方案,而只能承先啟後嗎?沒錯,這是為何成王最先要「惇宗將禮,稱秩元祀,咸秩無文」[106]。因為在建立帝國期間,暴力被消除了,但還沒因此安置好禮的正面秩序,亦即以文化民的事業尚未完成。[107] 所需要的正常和規範不僅是修復性

---

104. 《禮記》〈明堂位〉,請參考顧賽芬譯文,第一冊2,頁728-729。
105. 《尚書》〈洛誥〉,理雅各譯文,頁437。
106. 同上,頁445。

的，首先還是建立性的。因為「禮」作為形式上的固有權力，沒有任何事物能使其產生裂縫，也無法超越它；禮的效能架構了權力之外貌，同時於其內在自證為合乎法理。禮外觀是合乎規矩，其內是嚴謹的。若行了儀式，但與事情不相符，就是「惟曰不享」（沒行過禮）。然而「不役志於享」（沒有從內心深處行禮儀），也等於未曾行過禮。如是，情況肯定會亂了套[108]。或說，就如稍後的《禮記》所記載的：敬而不及禮，則「野」；與之相反的則是「諂媚」[109]。這是為何（外在的）「行為舉止」反映了（內在的）「風俗」及「宗教」並與它們混為一體。

8

禮制規範相當於把大自然的調節劃入人的社會秩序裡，如果此言為真，人的心態和政治形式不也反應歷史發展本身特有的變化嗎？從中華的角度來看，歷史本身不會變革嗎？甚至「和（諧）」不也被〔中國人〕以一種烏托邦模式來頌揚，勝於他們對使人異化的暴力歷史的稱頌嗎？然而馬克斯已看到意識形態的本性就是以「理想」的模式來翻轉和彌補矛盾的爆發，甚至彌補壓制的凶暴，不是嗎？此外，中國思想沒給予突發事件任何實質，它只偵察出該事件突發之前的默化現象，而默化過程總是全面並持續的，因此中國思想只從「失調」（dérégulation）（即

沒落和衰弱）的角度，並從有調節作用的「修復」角度來構想歷史進程：所以在新的朝代建立之初，當天下重新有秩有序時，它要恢復禮，它也要恢復曆。商朝因「不配」天命而沒落並失去了天命。周朝的命運在孔子時期也如此，想要篡位的競爭諸侯國為此不停地互相爭鬥。孔子作為賓客觀看了歲末年祭之後，上魯國城牆散步而哀歎說：「大道隱」，「與三代之英，丘未之逮也。」[110]

在世道沒落時，禮有一個既是楷模也是抑制的新角色：當大道已隱，自發的調節起不了作用，私利重於公利時，「禮」就有阻攔自私自利的補救功能，從而能使人保持行為正直。少了禮，人會致命地沉陷在一種使用懲罰的強制性體制裡。由此再回到「禮」就是基本義務，甚至是獨一的義務，以便抑制衰退和無依無靠的孤寂感。孔子曰：「夫禮，先王以承天之道，以治人之情」。禮也扮演另一個重要角色，它讓我們回溯到生存的原則，因此代替了宗教：「故失之者死，得之者生。」[111] 還有一個例子：甚至「老鼠」都有「四肢」，人怎可無禮？人而無禮，胡不遄死？「是故夫禮，必本於天，殽於地，列於鬼神，達於喪祭、射御、冠昏、朝聘。故聖人以禮示之，故天下國家可得而正也」。

將禮立為「循規蹈矩的典範」，禮的作用就不限於政治和道德。禮

---

107. 同上，頁 445。
108. 同上，頁 441。
109. 《禮記》〈仲尼燕居〉，顧賽芬譯文，頁 377。
110. 同上，〈禮運〉，顧賽芬譯文，頁 496-501。
111. 同上，頁 496-501。

也阻擋任何質疑，撤銷了可以提出質疑的任何條件，因而填滿了會產生某種不安的未知洞口，不管是形而上的不安或宗教的不安。探索意義的問題於此自行消解了。亦即作為人，我不必再問我從何處來，我注定要做什麼，我在世上做什麼，或問我在世上的生活是否合理。所有的謎題和重大的「為什麼」於此（在禮裡）都化解掉了。其實早在上古晚期，當中國思想百花齊放而且多種思潮派系你來我往地討論時，我們看到用禮所架構的「天下」反倒迫使人閉口，通過權勢結束了思想上的探索，侷限了哲學思辨工作。或說，此刻乃將哲學思辨趕盡殺絕，不是嗎？就此而言，最普遍的句子如下，我們無法找到比公元前三世紀的荀子還早的說詞 [112]：

禮有三本：天地者，生之本也；先祖者，類之本也；君師者，
治之本也。無天地，惡生？無先祖，無出？無君師，惡治？

禮全面性劃一地回答了所有的人，所以一開始就關閉了任何辯論。人們無法回溯到禮成形的上游之處，也無法越出禮所設定的框架──這就是禮作為典範之德性。同理，禮也在下游組建了整個社會，使社會層層融入文化事物裡：

故王者天太祖，諸侯不敢壞，大夫士有常宗，所以別貴始；
貴始得之本也。郊止乎天子，而社止於諸侯，道及士大夫。[113]

「王者天太祖」，這是為何天子的文化作用是作爲人間代表。這也

是為何禮之所以重要的道理「極其深」，那些獻身於哲思辯論者就被禮「淹埋了」；也「極其大」，以至於那些自認為有權撰寫經典或創作理論的人被禮「埋藏了」；又「極其高」，以至於那些企圖用傲慢或暴力、用輕率或粗俗來使自己於禮中高升的人被禮「擊垮」。換言之，禮的道理是不可超越的。不是因為該道理不可言喻或奧祕難懂，而是它的不喻自明就寫在禮裡面，如是，禮自足得可作為最終之基底並且不需要任何推理論證。此後人們不必去禮的上游提出質詢，去尋找另一種絕對性的事物，就是說，不必安置和思考「神」。

9

祈禱反而製造了神：因祈求神──向「神」祈禱──就使「神」存在並賦予神以臨在。至少我們都承認，祈禱是最具代表性的宗教現象：宗教向度正是通過祈禱以越出人而敞開的。信仰之內和之外曾經都如此主張，例如諾瓦利斯（Novalis, 1772 – 1801）非常激進地說：「宗教裡的祈禱就是哲學裡的思考」，「祈禱，就是製造宗教」。費爾巴哈（Feuerbach, 1804 – 1872）說：「祈禱透露宗教最深的本質，它也是

---

112. 《荀子》〈禮論〉。
113. 同上

最簡單的宗教動作」。屬靈的最核心是祈禱，這確實無可質疑。但是在祈禱與祭祀之間，關係亦如此嗎？克黑田（Jean-Louis Chrétien, 1952-2019）從現象學的角度研究祈禱時認為，如果說祭祀形成了一個基本上清晰的祈禱動作，至少初看之下，我們卻無法因此「想像一種沒有祈禱以某種方式伴隨或組成的祭祀」[114]。然而，再一次，在「中華案例」裡該現象真是如此嗎？我們看到早在上古時代，由於占卜的發展及其「形式論」，已於祭祀和祈禱兩者之間挖深了一個區分，深到甚至祭祀的發展乃與祈禱反向而行，而且不顧祈禱，不是嗎？

還必須在各種文化當中去調查祈禱之所以可能產生的條件以及「不可能產生」的條件。祈禱的原始動機被描述成人呼喚某個眼不可見的對象，以此打破人的孤獨。人的（祈求）呼喚起源於他感受到的憂傷，此憂傷卻因此顯得更強烈；祈禱因而的確起因於焦慮不安。金口約翰說，祈禱越殷切就越有價值，因出自心靈苦痛和精神上的糾結：「在悲痛裡說出的祈禱，會更有可能如人所願」。與喜悅相反，祈禱總含有一種迫使人開口的撕裂。祈禱是「受傷的話語」（la parole blessée）。祈禱的深化也與主體性的深入同時發展，所以主體性的內部裂縫會反過頭來引發祈禱。然而，在其他地方如此被主題化的心靈痛苦，在中國思想裡也如是嗎？我們在中國上古末期一位偉大詩人屈原的作品，特別是《天問》裡聽得到那種發自內心深處的憂傷，不過屈原屬於南方文化，受到巫的影響更多，很少受到黃河流域的「中國」（« principautés du centre », Zhong guo）之禮和經典文化的洗禮。這個文化強調奠基在調節宇宙的

政治與道德秩序，禮制的任務就是把該秩序寫進社會並體現於人內心深處。這套禮制是如此貫通一致，以至於祈禱在作為神奇的初級作用之措辭之外，祈禱的意向性及其暗中的發展無法使禮制出現裂縫。

即使人說出祈禱時，祈禱只能出於個人的決定才會有價值；即使變成習慣並重複性的，祈禱仍是一個選擇的動作，只在有意而為時才有意義。此外，祈禱總是信仰的宣告。對約翰‧卡西安（Jean Cassien, 360-453）而言，在「我們在天上的父」裡，「我們親口告解，神和宇宙之主是我們的父」。祈禱在說出時就是相信某個真理的行動。然而，禮不也是來自操作能力甚於深思熟慮之後而做出的動作嗎？禮事實上並不自我推薦，若是，它就必須自我說服，而且我們可能懷疑它。禮所呈現的是人們不再反思的同意（禮），所以禮因被人同化於內就更有功效，禮的作用是無言的，甚至人們沒察覺到，而且來自不受質疑的服從；亦即禮在我們無察覺當中管理支配著我們的行為，使其盡可能地接近自然而為 [115]。在祈禱裡，當對正確性之務實態度勝過其他因素，祈禱就反常了；此時，更準確地說，該務實態度更接近「禮」，勝於接近「祈禱」。在中國正是表現的準確性通過占卜而越來越被重視，直到變成唯一的因素。

114. 克黑田，〈受傷的話語，祈禱現象學〉（« La parole blessée, Phénoménologie de la prière »），收入昂利（Michel Henry）、利科（Paul Ricoeur）、馬希翁（Jean-Luc Marion）和克黑田編輯的《現象學與神學》（Phénoménologie et théologie），Criterion 出版，1992，頁 41-78。

115. 請參考朱利安的《理想的發明與歐洲的命運》（L'invention de l'idéal et le destin de l'Europe）第八章〈模式化或調節：律法或禮〉，Seuil 出版，2009。

如果祈禱不是出於需要，在「自己」的最深處，在人的「內心深處」，有必要去呼喚一個眼不可見的他者嗎？在祈禱當中，祈禱的對象是本質性的：如果說祈禱根本上只是說話動作，這是因為祈禱必要向某個對象發出。祈禱是自己對自己的感動，或說某個「自己」內部受到一個「他者」的自我暗示，祈禱只有藉由對「他者」發話才可能成立。祈禱於是建構了自己與他者的「會面（相遇）」，即使這個會面是一個考驗（「有抗爭性的」受罪），就如所有的會面（相遇），祈禱可能是一種碰觸到不可能的經驗。[116] 祈禱就是對一個「你」說話；在猶太人和基督徒的祈禱裡，「神」高升為呼格。可是，以「你」呼叫神的禱告與其給信徒帶來與神相近的感受，反倒阻礙了神的客體化，人與神的關係就總受到威脅。祈禱因而使人活生生地感受超然的深淵在祈禱裡敞開並激發人的禱告。祈禱於是也是「欲望」。克黑田引了奧古斯丁：「即便語言已停止，欲望仍在祈禱」。又，「祈禱何時才打盹？當欲望無精打彩時」。不僅僅信仰狂熱者把祈禱的話語主題化成「愛欲」（erôs）；在等待裡的祈禱的張力本身就是情欲性的。西蒙·薇爾發現了祈禱臨到的能力，在她堅定避免它之後，「在一次背誦當中，基督自己降臨而捕獲了我」[117]。

中華傳統與西方傳統之間有一個重大的間距，毫無疑問地是，欲望在中華傳統裡不會暗中呼喚某個啟示。可以佐證的是，當中華與西方相遇之後，philosophie 並沒被譯成「欲求智慧」，如該字希臘原文 philosophia 所表達的；而被譯作「哲學」（日文 tetsu-gaku），就是說對智慧的「學習」－「應用」－「模仿」，也就是說，人們「學習」智慧，就

　　　　　　　　　　　　　　　　　　摩西或中華　Moïse ou la Chine

如人們「模仿禮」。然而要是探求「他者」是件沒有價值的事，要是等候被欲求的他者不會產生某個希望，祈禱可據此來自我合理化嗎？我們倒是看到，在中華傳統裡禮的原型功能是在一個貫通內部將世界萬象整合起來，任何事物都無法使之產生裂縫也無法越出；隨後，禮不容任何能自我建構成他者性的外在性存在。於禮當中一切互相關聯而互相回應，沒有任何一端獨占優勢。我們於是想起亞里斯多德的神只在被欲求時才使世界動起來，或才感動世界（希臘文：kinei hôs erômenos）。然而在中華，缺乏（或說欲望）則沒有建設性，即使調節之道被周期性地擱置一旁，「被隱藏」，但是因為這條調節道路不是宇宙的啟動者，它經常可被修復。此外，中華文明沒指出話語是神明啟示和拯救的源頭，也沒建構偉大的救恩故事以處理反面性的事物並為之尋找出路。

---

116. 原文句子：En quoi la prière est constitutivement rencontre de l'Autre, quitte à ce que celle-ci soit vécue comme une épreuve – un pâtir「agonique」– et que, comme toute rencontre, elle soit une experience de l'impossible。依據作者解釋，神是他者的絕對代表，神與任何事物都沒有共同衡量尺度，所以是不可約比的。人向神祈禱時，既得承受神的臨在又要與神討價還價（un pâtir「agonique」，作者用了這兩個字的古典用法）。既然神是不可約比的，人不可能與他會面；但人通過祈禱可以體驗該不可能性的。──譯註

117. 西蒙‧薇爾，《等待神》〈靈性自傳〉（*Attente de Dieu, « Autobiographie spirituelle »*）。

125

六． 既非神言亦非敍事

1

在基督教的《聖經》裡，祈禱是涉及「話語（神言）」（la Parole[118]）地位之更宏大邏輯的成分之一，而該「話語」的源頭就在神裡面。在人還沒向神或神還沒向人說話之前，神的話語（希伯來文：dabar）已具有創造力。「起初」就有神的話語〔基督教中文《聖經》：「太初有道」〕，甚至該話語就是起初（le Commencement）。「神說：『要有光』，就有了光。」「他一說，就有了。」「話語」在作為溝通媒介之前，是神用來分開光和暗、上面的水和下面的水、海和陸地的第一個動作。「話語（神言）」甚至在被用來教導人之前，就支配著生死。「話語（神言）」緊密連於神與其子民的誓約，神的話語給他的子民放出啟示、做出行動、又拯救他們。神的話語乃是眾義之義、眾訊之訊；他的應許包含了將來的一切。神「口對口（面對面）」地對摩西發言，同時，神言又是穿越歷史並啟發歷史的靈感，以重點簡要敘述了歷史而造就了歷史。神的話語是永恆的（或說它在時間出現之前就有了？），它在基督裡變成了前所未聞的事件，就是「道成肉身」[119]之後，先知們在說話的神面前隱退了；使徒們後來就成了傳達神的話語的使者。把神的話語視為神的屬性及作為，這是根本關鍵點，亦即在探討《聖經》是否為真之前，就在根基上建構《聖經》存在的「可能性」。此點，我們過去同化得很

---

118. 據作者解釋，此處大寫的「Parole」指的是神用以創世的話語；譯文中將視上下文譯成「神言」或「話語」。小寫的「parole」則譯成話語。——譯註

119. 指耶穌降生為人。——譯註

好——或說，歐洲思想於其中流轉自如——，以至於我們和它不再有距離，所以對它不再有切入點以便思考它，也就是說，我們感覺在背誦它。然而在這件顯而易見的事實裡，神的話語如果不對我們開放，它會是我們最先要質疑的嗎？要是世界當中正在運作的「操作力」是「無言的」，因而不僅免除了說的權力，還因它與話語權力的思想——說得更好的，與該思想的「未思」——做出間距而被人理解呢？

　　之所以如此提問，乃因為中華的天「不言」，這與〔西方的〕神就做出了間距，亦即與話語〔定乾坤〕的宗教最遠之處〔即神〕做出了間距。中華的天沒被構想成擁有「聖言」（Verbe divin），甚至由於天「不言」，無需說話，天就毫不懈怠地拓展它的能力。中文極其扼要地說「天顯」（《詩經》「敬之」[120]）；如果我們不怕過分地把天實體化，我們可以說，天甚至自顯。因為「天命」本身並無本義也不帶有任何訊息，就如人們不斷重複說的，天命一開始就在它對人的行為的嘉獎和懲罰當中自我彰顯，就是說，它從不配天命之人身上自我撤回，把天命贈給最配得天命之人。天命便因此與它持續調節宇宙進程的運作混為一體（只要還沒完全去除天的人格化，人們仍會稱之為「天行」）。天也被說成「維天之命，於穆不已。」[121] 就是說，如果天命看似「不顯」，這是因為天命的內在是無法被人碰觸，而天命之完成卻不會因此不被人們直接看到。這方面，周文王是最佳典範，他以「天子」身分而承受天命，他在各方面的行為所表現的能力便足以彰顯天命；文王死後還加入了天。

「過程性的現實化」（effectivation processuelle）道理能解釋爲何〔古代中國思想〕沒有拓展意義或訊息，因此該道理取代了也避免了意義或訊息，然而我們如何思考該道理？此處我們必須談論中國思想最深部分當中的一點，這部分的思維從未被完全闡明，它卻使我們（歐洲）眾多概念在深處移位了——在最根本上以最含蓄的方式移位了。所以很難用歐洲人的範疇，更難用歐洲人的期待去捕捉和理解它。歷史當中一個新的可能如何得以展開，就是說，就中國而言，一個能修復治理秩序的政權是如何啟動的？《詩經》末的「商頌」歌頌勝者湯建立了商朝，我們必須跟隨詩中呈現的沉默成熟姿態：就是，如何早已在萬物進程內部逐漸取得人們的信任，從而越來越清晰地把萬物進程帶到現實裡。此處有的是「現實化」（effectivation）邏輯——而不是「效力」（Efficace），像人們所說的「神的效力」——隨著時間的延長而拓展，最終顯露在結果裡。然而，該現實化的過程性仍是「言下之意」而沒被〔中華〕建構成概念，在這情形之下，我們還能翻譯這段詩節嗎？（請參看理雅各的英文翻譯和顧賽芬的法文翻譯都把此段壓扁成敍事。[122]）此處說「帝命不違，至于湯齊」；因「湯降不遲，聖敬日躋」，所以「昭假遲遲」，直到「帝命式于九圍」。就是說，一開始天不反對，亦即天不剔除萌芽之「幾」，於是一個可能性萌生了並漸漸發展到最終被天認可的地位。「天」因此表示過程性的自我認證（l'auto-validation processuelle），從而衍生出「現實」，如是，天「不偏行」。

---

120. 《詩經》288〈敬之〉。

121. 同上，267〈維天之命〉。

122. 同上，304〈長發〉，第3段。

2

天的「自顯」因此被歸入正直行為裡，它同時也在我們所謂的占卜活動當中被核對，亦即通過龜甲上被火燒烤而呈現的裂痕，天透露了人們所面對的時局內部固有的結構。此二者，《尚書》都記載了。當弟「弗念天顯」[123]，他就無法再合禮地尊榮其兄。而這份幼對長的級別上的尊敬，一開始就被奉為天的秩序，它自發地合於「天」。另一方面，成王對周公說，「天降威，用寧王遺我大寶龜，紹天明。」[124] 也就是說，祭祀占卜偵察到了必須跟隨的「命令」，而這命令乃關乎眼前的情況；換言之，占卜所出現的跡象就足以透露該命令，不需要等候宣告該命令的話語。

所以任何從天而來的話語將是無用的，甚至會在萬物調節的秩序之自然過渡當中錯亂地阻撓秩序。孔子這句話既說出了也證明了該情況：

> 子曰：「予欲無言。」子貢曰：「子如不言，則小子何述焉？」子曰：「天何言哉？四時行焉，百物生焉，天何言哉？」[125]

孔子「欲無言」，這不只是因為他怕門生們只專注於他所說出的語句，容易複述並「傳誦」，就像後來的禪師們所說的句子，但是他們並不理解那些句子的內容也不實踐它們的要求。還因為在更基本的層面

上，話語乃貼在句子所涉及的內在理路上面，從而覆蓋了內在理路、掩蔽了它。我們能否夢想一種「無言的教導」，就是說，以身教為教導模範，身教有說服力，不需要在事情之外另用話語說出來呢？人們因而模仿天（如孔子說的）：四時行焉，百物生焉，天何言哉？就此而言，並非所有的話語都是膚淺的，但是它們只會使我們脫離永續的來臨並把我們抽離它的內在性。

此處關乎著中國思想的一個「默契」（fond d'entente）[126]，因此從未被人們真正質詢過，我們在道家言論裡也聽到上面引述的孔子語句的回音，即使道家經常很戲劇化地與儒家傳統對立：

天地有大美而不言，四時有明法而不議，萬物有成理而不說。聖人者，原天地之美而達萬物之理。是故至人無為。[127]

這段文字沒被加上任何意義或訊息，就是說，它所關注的一致性必須隱而不顯，才不會被人為的方式引導而偏離；也可以說，內在性是不必註解的。這甚至是定義內在性的（唯一的？）方式：即有需要註解的，有不需要註解的，關於後者，註解總是附加上去的，所以只會埋藏原文

123. 《尚書》〈康誥〉，理雅各譯文，頁 392。
124. 同上，〈大誥〉，理雅各譯文，頁 365。
125. 《論語》〈陽貨〉19。
126. 指眾人都同意的但不明說的事情（由於不必說出來）。——譯註
127. 《莊子》〈知北遊〉，郭慶藩版，頁 735。

之原貌並錯過其原意。這就是為何聖人不為也不言：話語和行動只會造成干擾，因而拆散正在起作用的調節並切斷該運作。

所以「不言」而教，最先就通過我們整體性地稱之為「大自然」來進行。《禮記》說：

> 天有四時，春秋冬夏，風雨霜露，無非教也。地載神氣，
> 神氣風霆，風霆流形，庶物露生，無非教也。[128]

春秋都是過渡性的季節，冬夏則是對立的兩端。這種生成性的交替本身具有教導功能。它承載教導，按照「宗教（祖宗的教導）」的意涵，這詞後來被用來翻譯歐洲人的 religion。不過，中文的「宗教」乃透過宇宙調節的進程來理解，不需要用話語來把它從宇宙運行裡抽離出來，因為話語本身就指涉一個做出行動的主體，最先就指涉造物主神。

3

就如對話語的態度，敘事在古代中國也被削弱了，總之那些以「《聖經》敘事」為名，或在很多不同的傳統裡以宗教上的神為名，把神明搬

上舞台的敍事。神的話語和敍事兩者事實上並肩同行。總而言之，在中國古代的敍事當中，互相關聯的神話和推理邏各斯其實受到同樣的質疑，而不是如在希臘，話語和敍事前後接替而互相對立。我們在中國沒發現把神豎立為造物主和偉大行動者（grand Actant）的創世故事。中國沒給自己設立原始創世景觀，沒拉開宇宙舞台大幕以孕育萬物的第一幕。我們在這方面只找到一點點散在各處的以註解形式出現的片斷，來源多方而且相當晚才被保存起來。例如盤古數千年期間在一顆蛋裡成長，最後用斧頭打破了蛋殼，隨後開始盡全力要把所有糾纏的成分分開來。盤古的足跡，只出現在公元三世紀一部重組過的歷史集子裡。[129]又如，關於女媧的傳說，我們在最早的字源詞典裡只看到被保留下來的一句話，而且這條很晚才出現的短句被註明它不屬於文人傳統，所以只遠遠地與思想有一點關聯；它的合理性一開始便來自社會階層化，因此事先回應了「禮」所關注的事情，而不是回應世界為什麼會如此：

> 據民間傳說，天地分開之後還沒有人類。女媧捏黃土以造人。雖然她努力而為，卻無法做得好；她因此把一條繩子浸入泥裡，然後把繩子舉在空中，如是，造了其他的人類。
>
> 如是，富貴之人來自大地，平民產自繩子。[130]

---

128. 《禮記》〈孔子閑居〉7，顧賽芬譯文，頁 397。

129. 關於中文出處，請參看 Rémi Mathieu 法譯的《中國古代神話和傳說》（Anthologie des mythes et légendes de la Chine ancienne），加利瑪出版，1989，頁 29。

130. 應劭，《風俗通義》，參看《太平御覽》；請參考朱利安《魯迅：書寫與革命》（Lu Xun, Écriture et révolution）第三章，巴黎高師出版，1979。

因此在對人的起源的構思當中，至少作為留下的遺物，中華不會再有神奇事物？不再給涉及人類開端的史詩級的——英雄式的或不吉的——擴大留有餘地？中國思想過去不急於思考最初始的開端，不急於回答有關起源的重大為什麼以及在哪些角落還漂浮著多多少少必須作為開始的事物？中國最早的歷史人物沒有不被光環圍繞著，沒有不賦予他們榮耀的光環？或者中國人能避免神跡般誕生的主題嗎？《詩經》裡提到周朝最早的祖先時，說姜嫄沒有孩子，於是獻祭，隨後她「走在帝王足跡上面」（帝王或上帝的足跡），感到顫動，就懷孕了 [131]。她像母羊生小羊那般地容易地生下了第一個孩子后稷，「不坼不副、無菑無害」，「以赫厥靈」。「上帝不寧」（顧賽芬把「不寧」譯成「不高興」〔« n'était-il pas content »〕）。人們會說，這個受到神靈保佑的概念化事實上沒有多少原創性，與所有的（偉人）出生傳聞近似。其想像力多麼貧乏……

該詩中又說，新生兒被放在一條窄路上面，而牛羊卻保護嬰兒好像他是牠們的孩子。新生兒被放在森林裡，但是有樵夫收留他。新生兒被放在冰層上，而一隻鳥用翅膀護蓋著他……。他剛在地上爬，就已經站立得像山了！這個遭受威脅的獨特命運的童年當中，已具有神話裡永不改變的元素，不是嗎？后稷的故事，難道不是摩西嬰兒時的故事，就是摩西被放在籃子裡而被法老王的女兒救起來嗎？或像在赫西奧德的敘事裡，宙斯小時候被麗雅（Rhea）藏在克里特的山裡，以便逃脫克羅諾斯嚴厲的眼神，不是嗎？然而，在這類主題的例子當中，姜嫄生子的故事倒是與其他類似的故事做出了間距。因為還沒有孩子的姜嫄，並

沒有通過任何宣告、沒有天使顯現、沒有聽見啟示的話語，也沒有激動場面——這些元素都是《路加福音》裡在約翰誕生時很樂意提到的，以便轉向對神的等候。甚至姜嫄「履帝武敏歆」（走在帝武的足跡上），這不就是後代延續的標記？尤其是此處並沒說出對新生兒的威脅來自何處。唯一重要的似乎是，新生兒能彰顯他所擁有的大能，自然而然地遇到大自然給他的保護。此處沒有會帶來負面作用的惡，就是說，沒有任何戲劇成分把張力帶到舞台上：沒有克羅諾斯的邪惡計謀以及希臘人好用狡計以逃脫克羅諾斯的威脅的場面，這些都是赫西奧德樂於敘述的；也沒有法老王滅族的命令，沒有他的女兒對哭泣中的小男嬰所產生的令人感動的同情。

此處甚至沒有提及任何人物，沒有人力介入：既不想加害於小孩，也沒選擇保護他。此處既沒有原因也沒有目的；沒有負面性也沒有拯救。這還有本義上的「敘事」嗎？因為事情沒有任何時間標記來為它分段：威嚇小孩的幾件事情——中文沒有動詞時態之分（就是說，中文以我們歐洲語言的動詞不變位形式說出的）——都沒說出做出威脅小孩的主語，因此那些威嚇就像同一種特殊能力的多樣變化。特別是，當后稷剛剛會在地上爬時（稷表示穀物），他就會張嘴吃食物，並會「蓺之荏菽」（播種荏菽），甚至「荏菽旆旆」（荏菽茂盛如旆旗）；於是后稷立刻成了耕作者，該詩又樂於列舉后稷已經播種的多種植物，並說這些植物長得茂盛。他所跟隨的「道」是「有相之道」。他「輔助」自然的

---

131. 《詩經》245〈生民〉。

生長，而不做出於個人的「行動」，而且他不主動引進任何東西；如是，后稷有自發性嗎？他的活動是伴隨，使自然而然的事物順利發展——這不正是耕作者的種植技藝嗎：

莃厥豐草、種之黃茂。

開花結果，直到成熟：「實方實苞、實種實襃、實發實秀、實堅實好、實穎實栗」。后稷有邰家室，詩中卻沒說他的權位來自何人，也沒說這一切是如何形成的：后稷在農業方面的開闢功勞就像在政治上自我證明合格了。他此後發給人民種子去播種，人民所取得的收穫當中一部分就用來獻祭。該詩結束時沒有表達任何干擾事物：

其香始升、上帝居歆。
胡臭亶時、后稷肇祀、庶無罪悔、以迄于今。

此處沒有本義上的敘事，即混合悲劇和希望、激情和野心、話語和行動的敘事。中華文明於其中默默地展開運作，但不事先告知人們。后稷什麼也沒宣告，他沒用任何事情去說服人們，他不勉強也不強加給別人任何事情。他既不是英雄也不是聖人，他既不開拓也不奉獻自己：他代表的就是承載著萬物生成直到成熟的「過程性」。《詩經》末有另一種關於后稷誕生的說法，用道德教訓淡化了神奇的部分，更準確地結合了三個層次，就是神的眷顧、自然的發展、朝代的拓展— 詩的開頭和

結尾都在頌揚閟宮。[132] 姜嫄德不回，所以「上帝是依」；「是生后稷、降之百福。黍稷重穋、稙穉菽麥」。后稷之孫，實泰之祖，「實始翦商，至于文武，纘大王之緒，致天之屆」，牧野之戰（此刻商朝政權最終被推翻了）：「無貳無虞、上帝臨女」。那麼，如果歷史是由道德製造的，還會有「故事」嗎？或說，如果能力一開始就分配了，如果（歐洲的）神義論沒被延後，從時間流程裡會湧現哪件「突發事件」呢？

4

如果敍事的條件是，某件事情──「突發事件」──發生了，而且這件事情只有脫離（即使一絲絲地）先前的狀況及其一致性，才會發生並前後相連而成；故事就由這類微小差距逐漸形成。不過，假如沒有任何事物必得克服或假如沒有反面性起著作用而迫使人呼求更新的話，有什麼能使眼前的與過去的分離呢？我們在最早的《聖經》故事（關於耶和華的故事）裡注意到該情形──而這個《聖經》故事是所有故事當中最早的，不是嗎？因為這個故事既拉開序幕也是模範的：一旦神創造宇宙的工作完成了，神的秩序建立了，只要蛇沒對女人說話以促使人不再服從神的命令，伊甸園裡任何事情都不會發生──不再會發生。惡的出

---

132. 同上，300〈閟宮〉。

現加快了人的不幸，致使突發事件湧現：神原初的命令必須被戳破，才會出現新的東西，才會開啟故事／歷史（亦即人類歷史）。「必須」有一條蛇出現，作為最早的反面形象；必須亞當和夏娃吃了蘋果，必須有一場衝突發生了，故事才會開始，就是，亞當和夏娃被趕出地上樂園，隨後該隱殺了亞伯，等等。此後，裂縫和矛盾所帶來的後果是，人被推進了未知（前路茫茫），從此發明了故事／歷史。或從反面來說，激發《聖經》故事的事物（既激發它也使它合理），是它處理了惡的問題，回答了為什麼會出現惡。可是假若最初的裂縫沒產生，伊甸園裡的和諧沒被戳破，衝突沒發生，會怎麼樣呢？

這是中華傳統沒構想關於起源的敘事或《聖經》敘事的第二個理由。一旦和諧秩序建立了，它漸漸地不再需要激活「神」的形象，最終對該形象不感興趣了而把它像無用者擱置一旁，就是說，它早先有關神的道理沒被發展開來。或更準確地說，它們兩者合不起來：一方面，中國思想不太熱衷於探索一個偉大的開端之類的起源問題，它隨後也沒產生從「混沌」出發去創造宇宙的景觀；另一方面，中國思想不質疑惡的問題，沒把這個問題做成要探索的謎題。因為對它而言，如果秩序不是被投射的、有意安排並被創造的，而是內在性的和調節性的，「惡」就只是失調而已，源自衰退和偏離，惡不會凸顯出任何固有原則。由此，中國人沒有最初的創造和破裂景象，沒有戲劇性地回收歷史的宏大敘事（像《聖經》敘事所作的），他們只有朝代更替的歷史。文王的歷史雖然不是最早的，卻是典範的。不過文王的政權會因此沒有危機和衝突、

沒有惡運和撕裂嗎？就在文王的治理之下，商朝被推翻了。

然而對文王的頌揚絕對不被干擾，其中的正面性絕對不會受到質
疑，就是這點令人驚愕，甚至使我們感到疲憊：

> 文王有聲、遹駿有聲。
> 遹求厥寧、遹觀厥成。
> 文王烝哉。[133]

文王的武功只是懲罰性的和修復性的，所以沒真的遇到反抗，看起
來是自我發出的運作而不會留下傷痕，亦即歷史沒因之而撕裂：

> 文王受命、有此武功。
> 既伐于崇、作邑于豐。
> 文王烝哉。

文王修復城牆之後，就持守城的界限而不求擴建：「匪棘其欲」，
因為文王懂得安於尚未是君王的位子，只「遹追來孝」，而且「四方攸
同」，他就成了帝國的支柱。因此「自西自東、自南自北，無思不服」。
我們可以說這是一首獻祭歌頌詩，詩的體裁本是如此。不過，即便如此，
難道不該指出這頌揚當中負面的事物很快就自然地被消納了而不讓人去

---

133. 同上，244〈文王有聲〉。

面對它，不讓反對方有機會表達異議也不任由熱情展開。甚至接任文王的武王，完成征服之後只能將自己呈現為以文化民者（Civilisateur），因此戲劇性的事情無法連結而且敘事無法發展。於此有什麼興趣被激起了嗎？由於無法感到不安，人們不會感到無聊嗎？

5

　　關於《舊約》中的大衛，我們看到他在戰亂當中如何受到神的引導而奮不顧身地戰鬥。我們甚至看到神介入戰鬥當中以引領大衛：「你就趕快衝，耶和華會走在你前面以擊打……」。神的勝利是毫不留情的；在殲滅敵人時，他不退後，反倒呼籲人要服從他：「他〔神〕擊打摩押人，使他們躺在地上，用線量他們以使其無法越出……」。大衛想用武力來取得支配權，甚至當他看到洗浴時的拔示巴而愛上她時，他毫不猶豫要殺掉她的丈夫。惡和誘惑此刻正在運作著，激起一個具有張力和激情的故事，經常更新（情節）而且讓人甚感愉快；我們不得不承認，這就是為何《聖經》保留了該故事。一個因曖昧而令人感動的人物從這些起起伏伏的情節裡凸顯出來了，就是大衛勇敢不懼，精力充沛，冷酷並懂得用利益吸引勇士來加入他的戰鬥行列；他在苦難當中也顯得偉大，保有溫和的友情，為他自己的過錯哭泣；當他那個會彈琴並具有詩人反

叛性格的兒子去世時，他的悲痛則無法被安撫。然而，關於文王，他與大衛王差不多同時代，也都處於尋求掌控局面的新興王國當中，「濟濟辟王，左右趣之。」[134] 但是文王的大能卻無法讓他征服，由於他所發散的善意，他「豈弟君子、遐不作人」[135]，他不強迫也不再殲滅，他順勢而行，亦即他甚至不必讓人們見證他的雄心壯志。上天的恩寵落在他身上，他的美德就反映在大自然中最微小的表象裡：

瑟彼柞棫、民所燎矣。
豈弟君子、神所勞矣。

這首詩的註解者加上說：也就是說，敬愛和推崇文王是自然而然的事情，就像人民用生火取暖的小木獻給他，只要文王的美德融入了天地已調順的默默過程裡。但是如果身教的影響主導著事情的發展，如果所有的反抗都化解掉了，敘事還能用什麼來貫串呢？「神」如何還能以偉大主體的身分來介入呢？還有什麼可以述說？

「優勢」（ascendant）確實就像信任，是漸漸獲得的，是在情況開展的內部長期暗中自我積累的能力。在可能是最具有敘述性的詩〈皇矣〉[136] 裡，文王受四方「監觀」，上帝「耆之」（安置他）並試用他。身為周朝的至上開創者，文王著手建立農耕，「脩之平之」，「串夷載

---

134. 同上，238〈棫樸〉。
135. 同上，239〈旱麓〉。
136. 同上，241〈皇矣〉。

141

路」,「受命既固」。一代又一代,這樣的權威被確認了:即若兩兄弟之間弟弟更受愛戴,弟弟不會因此不看重兄長而不加重他的榮耀和偉大,他們兄弟之間毫無競爭關係。「帝度其心,貊其德音」。天所選中之人從此「克明克類,克順克比,克長克君」。「克順克比,比于文王、其德靡悔」;他「既受帝祉、施于孫子」。

此時,對峙也降至最低限。不管軍隊部署多麼壯觀,戰爭已經得勝了。詩中說,當密的居民不尊從君權而敢與他那龐大帝國對抗時,君王在怒中會合了他所有的軍隊,以阻擋敵人,就是「以篤于周祜,以對於天下」。「依其在京、侵自阮疆、陟我高岡」,「萬邦之方,下民之王」。勝利不斷地累積,「四方以無拂」。德本身就會產生效果,自行收效;負面性的東西會自行被消納。一旦修復過程啟動了並確認了,帝王開始時的確有主動性,而他隨後則只扮演同意與認可的角色。啟動本身就被認可而且帶來效果。「令終有俶」[137],就是說作為先前的興盛之結果,它同時也帶出隨之而來的效應。每一個開始只是結果而已,而且結果本身就是開始。所以人們不等候最初的開始或創造,也不等候最後的目的(結束)。

這樣的世界會因此沒有裂痕、沒有斷裂、沒有斷開,也不會喪失能力嗎?「昊天有成命,二后受之,成王不敢康?」[138] 如果說文明接下了天的作品,並使之世世代代延長下去,其中難道沒有焦慮或掛念嗎?或說,用什麼去回答(詩句裡)如此樸素的基本說法?我們能想像比〈天

作〉的詩句還更不被建構、更不被發明的措辭——亦即甚少戲劇性的措辭嗎？〈天作〉一詩甚短，但是精簡得足以說出一切[139]。此詩連結了兩方，同時說出了不可見的和可見的、屬於大自然的和屬於歷史的，不是嗎？我以不定式的動詞時態來翻譯下面的詩句，為了不讓運作當中的活動被覆蓋：

天作高山，大王荒之。彼作矣，文王康之。彼岨矣岐。
有夷之行，子孫保之。

(Le Ciel faire haute montagne,

Le roi Tai la défricher ;

Lui commencer l'ouvrage,

Le roi Wen tranquillement l'achever.

La montagne est escarpée :

Il y a chemin plan 〔pour y〕 aller,

Des descendants le conserver.)

如我們在《聖經》裡所看到的，一旦出了埃及而流亡，逃亡的生活會遇到新的事物、令人驚奇的事物以及突發事件（《奧德賽》裡也有同樣的情形）。而古代中國人多過著農耕生活，《詩經》大大頌揚農耕生活，農耕生活呼求的是，養育人類的周期性節奏。然而強調這種以父系

---

137. 同上，247〈既醉〉。

138. 同上，271〈昊天有成命〉。

139. 同上，270〈天作〉；請參看荀子《天論》裡對該詩的應用。

為主的鄉村生活並不會因此證明其中沒有任何負面性的事物。因為耕作在《聖經》裡也曾經受到詛咒：「土地因你而受詛咒……」；「為你萌芽的是荊棘和薊！」《詩經》裡卻說，這耕作（此時已不是沙漠之地）不也是幸福和諧的嗎？「他們二人前進」以耕地，而且整家人都參與耕作[140]：

　　　　　有嗿其饁，思媚其婦，有依其士，有略其耜。俶載南畝，
　　播厥百穀，實函斯活。

　　由於不再有什麼可「述說」的，所以要「描繪」的就只有一天裡的工作展開這種非常好看的景象：「畟畟良耜，俶載南畝……百室盈止，婦子寧止。」[141]中國能把人對和諧的崇拜推展到什麼地步，以便使崇拜和諧變成非事件的意識形態（idéologie du non-événement）？我們今天知道如何把「événement」譯成中文嗎[142]？《聖經》只在等候一件事件的來臨或等候〔救世主〕來臨的事件——因此繼續等候「神」。

6

　　事物與情況之過程性道理，亦即「非事件的道理」，我們在《易經》

裡看到與之相關的解釋。《易經》是中華傳統的底子書，公元前一千年期間由前後相連的幾層要素組成，其在中華的重要性相當於在西方的《聖經》。然而，《易經》最初並不是一部「書」。它對應了占卜發展的最後階段：人們先前用龜甲火焚之後出現的裂痕以占卜，隨後則用蓍草莖占卜，漸漸發展成用兩條線——不斷裂的「陽」爻和斷裂的「陰」爻——上下疊成三爻或六爻，以表達陰陽兩極。《易經》的第一卦含有六陽爻，表示天；第二卦含有六陰爻，表示地。六十四卦則是有關變化的多種組合，每一卦就以它所處理的多種情況的典型來命名。這確實是一部關乎「易」的「經」，就是說，通過正在發生的演變去捻出並理解恆常的調節。這部經乃用於「顯道」[143]，亦即呈現無窮生化的萬物之道，而且人必須符合此道。順天地就是完全符合宇宙的宏大進程；這部《易經》讓人「入神」、「窮神」，不斷地穿越一切現實並使其充滿生氣活力。所以只在「過程」當中才有「神」[144]。此後的問題是：在沒有一位選擇通過話語來讓人們認識他的神的情形之下，與不可見的相通是如何運作的？或說在該狀況之下，「啟示」會來自何處？

在卦象整體結構裡，每一爻構成不同的動態成分並標出情況的變

<hr />

140. 同上，290〈載芟〉。

141. 同上，291〈良耜〉。

142.「事件」表達的比較是「一件事情」或一個情況，例如 1989 年 6 月 4 日發生的「天安門事件」。——譯註

143.《易經》〈大傳上〉9；請參考朱利安，《內在性的形象》（François Jullien, *Figures de l'immanence*），Grasset 出版社，1993，第一章。

144. 同上，〈大傳下〉5。

化，同時也使一個卦象過渡到另一個卦象，從而讓人得以捕捉正在運作的機變之「幾」。聖人（文王）依據這種操作性組合去預測每一個偶發的相遇，這些相遇促成了萬物的運動，因而被整合入整體的過程邏輯裡；他因此能據以建立萬物運行的「規範性原則」，並「使之發揮作用」，「以行其典禮」。卦象中每一爻的「時位」，皆可用來偵察該爻所透露的變化之「吉凶」。此外，這種操作性部署沒有本義上的「意義」，而只會讓人從中讀出所投入的方向是「吉」或是「凶」的指示。在這部以線條和卦象、以表義文字和書寫建構的卦為基礎的「書」裡，我們看到的不是話語，而是被認為出於文王的「論斷」以及「象」（其中重要的部分則被認為出於孔子 [145]）。所以不可能有英雄或偉大行動者（偉大主體）的問題，既然一切取決於運作當中的局勢以及與其相應的能力。我們在《易經》裡也沒看到任何故事成分，除了《繫辭上傳》裡一段很短的段落裡述說該書成書的過程以及從農耕出發的文明發展。是故，為何要命名「神」呢？神會在哪裡進行干預呢？

那麼這部被中國人看作其文明發源的底子書，〔我們會提問，〕假如它不提出偉大的創世敍事、人類的墮落以及救贖，它有什麼用處？假如它不探索惡之謎，也不轉向一位慈悲並安慰人的神；假如它不對人們宣告〔拯救的〕訊息以便在人於地上受難當中開啟人對救世主的期盼，它有什麼用處？《繫辭上傳》[146] 裡說：

　　子曰：「夫易，何為者也？夫易開物成務。冒天下之道，

> 如斯而已者也。」

　　就是說，該書不提出創世之始及其為何如是的這類深得無底的問題，而在於發現天地的調節道理（即來臨之理而不是突發事件之理）持續帶來的實況。同理，《易經》裡也沒發展任何救恩觀點，只在遇到的每一個情況裡展現出如何實際地順著局勢以找出一條出路。因此這部「書」確實負有一個整體性的使命以作為中國思想的絕對框架，但它沒因此發展成超越人世的超然性。句終的「而已者也」（et c'est tout）阻擋了對起源之謎或對最終目的的探索，也就是說，阻斷了關於宇宙起源及其神祕的提問。與其從世界某個外部（即「神」）出發去給出一個「意義」，《易經》的功用倒是拓展那形成宇宙的並使對立的事物（陰陽或天地）有了互相關聯的內在「貫通性（一致性）」。《繫辭上傳》開篇是：

> 天地尊卑。

　　此句如此說，就本義而言，它什麼也沒「說」；它不發現也不發明：聖人只抬高和垂下眼睛。但它同時全都說了：宏大的互動布置已就位了，帶來了各種現實；根植於大自然的價值觀也建立了，社會就在上下之間價值觀當中層層地安排。

---

145. 同上，〈大傳下〉2。
146. 同上，〈大傳上〉11。

其所牽涉的對峙因此是一種更高貴（陽：天、君、男）和一種更低下，至少更卑微（陰：地、民、女）之間的對立，但是後者不能被排除，因為它也是組成整體情勢的成分，它參與了局勢之所以成形的可能性。所以在道德方面，沒有任何惡可以被孤立出來而建構成原則；邏輯上，沒有任何負面參與了關於事物的正反理智思辨。即使某一爻單獨看來可能顯出凶兆，但是沒有任何一卦會是十足的凶卦。而且每一卦本身就隱含了與它相反的東西，它會逆轉到它的相反裡。例如，第十一卦是表示興盛的泰卦，可這卦已事先告知該興盛不會永久存在，甚至在興盛到達頂峰時，就已經開始分裂了：「無平不陂」，所以更難往上爬。必須瞥見在穩定的甚至剛剛安身的興發之下暗中進行的反面性。同理，第十二卦是表示衰落的否卦，才觸及衰落的底部（從下往上的第二爻），我們就可看出不吉的情形已經暗中更新，直到該卦最後一爻變為吉。

我們最好理解情勢發展的邏輯並適時介入情勢，因時位本身不是壞的，我們不可對之感到失望。如是，第三十三卦是遯卦，此卦裡的（最高貴的）陽爻在上面正在消逝，而（最卑微的）陰爻在下面正在上升，所以情勢不管表面如何仍有前景：「遯而亨」。遯亨互相對峙，而亨則來自遯。因為一方面，亨可以伴隨遯而彌補遯：例如君子卸除了公務之後就能致力於道德教育。另一方面，對於隱退的人，亨便來自遯：因為及時身退，他就可確保強力的返回，甚至已經啟動了返回之「幾」。所以不管在任何情況裡，沒必要呼求某個外部審級（神）以求在該情況裡得到救援。

7

難道沒有使人永遠失望的黑暗時刻、憂傷時刻嗎？認為遭受壓抑時，有一種更新已經啟動了，有一條出路漸漸成形，這想法豈非一種盲目的信心因而被歷史不斷地嘲笑嗎？人間的道德不斷地被反駁，這不會讓人有理由去呼喚另一個世界嗎？《易經》裡難道沒有無法消除的衝突，即在「幸福」和「美德」之間的衝突？即使當人們消解了所有的故事，即使當人們把思想從一切神話裡解放出來，該衝突是否仍存在？「幸福」和「美德」〔在歐洲〕是二律背反，康德為了協調雙方而假設有一種「自然的」卻與「自然分開的」原因，而且人們同意稱之為「神」，康德認為這假設在道德上是必然的，並以絕對理智方式去做出的（亦即不涉及宗教因素）。然而《易經》反而不斷地彰顯「利」「貞」並行，特別是在「晉卦」和「明夷卦」裡，利貞相隨互轉。「晉卦」：「晉，進也，明出地上」，象徵事業有所進展；象曰：「是以康侯用錫馬蕃庶，晝日三接也」。接下來的「明夷卦」就與之相反，表示「明入地中」，象徵文王以蒙大難，就是說，因君主的獨裁而蒙受大難。然而，象曰：「利艱貞」（在艱難當中守貞者終將獲利）。

我們必須學會通過「利艱貞」來解讀我們所面臨的敵意如何自行消逝：諸侯雖有內難，卻能正其志，以此保守自己內在光輝。即使身處政權不義，若諸侯反抗該政權，這不僅荒謬，更是不道德；因為那應做的

話，就是質疑那作為萬物秩序基礎的階級原則。人們會說，最糟糕的君主都比無政權還好……關於「利艱貞」的註解說，所以聖人所等候的不是一件突發事件，而是該獨裁政權的負面作用明顯到足以使惡君所持有的優勢自行竭盡；他的權威自然地回到聖人身上，由於其他人認可聖人德以配位。我們於是再一次從卦象看到商朝的瓦解並被周朝取代。確實，這些都代表守貞的上升之爻，我們看到它們在卦的最初下爻秩序當中（太公、文王、周公等等 [147]）就出現了：商朝最後的君主德不配位，我們在該卦上面最後一爻早就看出了。王夫之指出中國歷史上商周的改朝換代的「革命」，並非因為新朝代的奠基者懂得「抓住」天命，不管是運氣好或歸功於他的周旋能力；而是該「革命」回應了（陰陽）自然的發展過程內在理路的「自然展開」（「陰陽理數之自然」）。「君子」最終勝過了小人並且取代了小人而取得權力，「利」、「貞」再一次相合了。結果是，（沒有另一個世界，也不會擺脫歷史），歷史本身就是自然和好之處：開端時所瞥見的裂縫，就是威脅中國人的道德論建築的裂痕，於此小心翼翼地被填補了。

對機會做出正確的評估，亦即能證明自身的合理性，就能使道德的要求與適應情況兩者相容，使內在正直與取得權威兩者相容。如是，個人的抱負及其在世上的實現（或說主觀的和客觀的）之間的矛盾便於彼此相容當中化解了。〔在歐洲〕，該矛盾因其敞開的裂縫而呼求神，費爾巴哈（Feuerbach, 1804-1972）的確把它建構成基督宗教的本質。這也是《詩經》裡一首短詩的標題（歷史當中的）「酌」，關於武王在文

王之後最終推翻了商朝政權 [148]：

　　　　於鑠王師，遵養時晦。
　　　　時純熙矣，是用大介。

　　在與敵方對峙時，我「遵養時晦」，以便當「光明」回到我方時，我就更有能力，因此使倫理與戰略相容：德，得也。所以不需要在世界末日有一位審判世人並給出獎懲之神做出的「最後的審判」，以回應最初的「樂園」（伊甸園）景象。因為在人的善行和他被認可之間的時期當中，也是有「利」可取的，這段「時晦」並非一段要跋涉的充滿淚水的幽谷。正如《詩經》〈大明〉所說的：「明明在下，赫赫在上」[149]，就是說天人之間的合同自然而成，但人必須保有畏懼之心，恐怕自己德不配位；既然如此，神的作用只是同意該合同，人還需要神嗎？

　　〔古代中華〕上帝的超然性如是合理地逐漸轉成主導歷史的內在性，但其轉變過程當中沒因此顯出任何斷裂。宇宙進程當中自我同意的獎懲性之審判於是不需要神的審判，因神的審判乃來自此世之外的某個外部。或者，在歐洲哲學語境裡來說，就是中國思想拆解了康德使幸福與美德對立的實踐理性，同時也在它的「天」思維裡提出了一種黑格爾式的推理，值得君王引為警惕。這正是《尚書》裡無休無止地重複說的：

---

147. 《王夫之周易內傳》，《船山全書》第一冊，頁 307。
148. 《詩經》293〈酌〉；也請參看 285〈武〉。
149. 同上，236〈大明〉。

151

「彝汝乃是不覆,乃時惟不永哉」(您要是不盡力而為的話,您的時刻不會永存)。然而如果「汝往敬哉!茲予其明農哉!彼裕我民,無遠用戾」(如果您尊敬人民並寬厚地指導人民,再遠的人也會來就近您),此乃您的優勢之客觀力量。[150] 由於「王來紹上帝」並「配皇天」[151],歷史的責任最終就落在他身上。「天既遐終大邦殷之命,茲殷多先哲王在天」[152],然而「天降喪于殷」,「天非虐,唯民自速辜」[153]。墜亡的商朝早期君王和此後承受帝國的周朝早期君王都被授予相同的讚語,因此商朝的過去便是一面鏡子,為將來的政府之良好運作提供借鑒。[154]

歷史於是不再是循迴的,它本身是「週期性的」,甚至讓人看到在中國史學的構成當中,具有調節作用的週期之內在理路遠勝於敍事事件成分。我們也看到,中國最早的歷史作品乃由「文獻」構成(準確地說是《尚書》),或由逐日逐月記錄事情的編年史(《春秋》)構成;這些史籍並非像《聖經》全面和持續的敍事,即起於創世而且由對救世主的等待來開展。中國後來的斷代史(自司馬遷的《史記》以降)都採用相同手法,就是把各朝各代的本紀、表、書、世家、列傳並列,以片斷形式留存。其中沒有建構共時性地涵蓋所有發生事情的抽象統一時間,作為一切經歷(史事)所共有的絕對框架,每一件敍事便登錄在該框架裡。而現代西方的進步意識形態,就是在宗教末世論之後得利於這個絕對框架。還有,認為歷史有道德使命或把歷史作為對現在的指導,這本身是一件平常事情,在中國卻有了完全不同的應用範圍:正是「天行」以其運作過程作為人世經驗的時序框架,天行也「彰顯」它的能力是調

節性的，而非進步性的。還有，《尚書》裡說，君王致力保護人民，他的善行能「弘于天」[155]，我們就看到人行拓展天行，天因而被當作道德原則。天的道德乃宇宙宏大進程的道德，就如斷代史所顯露的，正因為它（天）不偏行，所以不斷地自我更新而永不竭盡。「天」也最終與我們稱之為「自然」融為一體，於是更加遠離人關於神的想法。

150. 《尚書》〈洛誥〉，理雅各譯本，頁 442。

151. 同上，〈召誥〉，理雅各譯本，頁 428。

152. 同上，〈召誥〉，理雅各譯本，頁 426。

153. 同上，〈酒誥〉，理雅各譯本，頁 409。

154. 同上，〈酒誥〉，理雅各譯本，頁 410。

155. 同上，〈康誥〉，理雅各譯文，頁 386。

七 · 天——自然

1

天與自然融為一體，這在中華文明裡的確是主要演變，但是從未被討論，甚至沒被視為議題：「上帝」漸漸被邊緣化，這有利於被用來指稱「調節」的「天」。「天」這個詞最早只與「上帝」一詞並列，好似它在協助「上帝」，以另一種說法來拓展「上帝」一詞；隨後「天」從輔助功能走向中心位置，它的涵義也逐漸變得明確而「理智化」：天從指稱個人的神到表示宇宙運行的絕對視野，與此同時，天那永不竭盡的底蘊就因它從不偏離而持續更新。「上帝」觀並未因此受到批判，它的地位僅僅被奪走了嗎？「上帝」觀漸漸地不受重視也不為人投入。它並非被否定，而是被尊榮地降級。它還保留著它的光環，但只變成一份虔敬的回憶。神的沒落在中華悄悄地發生，神的退位含蓄而不引起爭議，沒挑起對立的立場，這是為何中國也沒出現「無神論」。神的暗淡發生在中華文明的清晨，成了中國思想的不喻自明，中國思想甚至沒對神的沒落感到不安。

所以中國思想讓人得以探勘一種逐漸轉變但不斷裂也不分裂的思想體系；它至少在上古時期沒瓦解。即便如此，中華歷史形成的過程當中仍然有過充滿暴力的朝代斷裂和更替，從商朝到周朝便是如此，然而周這個新政權的意識形態卻傾向於掩蓋斷裂，為了維持君王權柄以便更好地鞏固它的合法性。商周之間發生的第一個含蓄的錯開是，

「天」在周朝極其重要，天最初意涵表示「宏大」或「遼闊」：超然（la transcendance）不也是按照「天」的延伸（亦即天開闊的視野）而不只是從強大而延展出來的？日曆的制定尤其具有決定性，因制曆在中國社會組織上扮演非常重要的角色，從周朝之後以天為準，採用了月日曆（calendrier luni-solaire），就是說，一位全能者（上帝）此後被某種天的概念取代了，這種天觀注重星宿運行並且通過星宿去探勘人的活動所依賴的一年四季之更迭。此外，新興的周人也建立了他們固有的崇拜活動，首先就是由周朝武王於南郊完成的向天獻祭，此後該郊祭成了中華帝國（政權）每一年舉行的最主要的祭祀，一直到二十世紀初才停止。

即使如此，在我們所讀到的最早的文本裡，即《詩經》和《尚書》，上帝和天這兩個用詞似乎是對等的並且可以互相接替，於是保證了意識形態上的統一性，維護著周朝新政權：「予惟小子，不敢替上帝命。天休于寧王，興我小邦周。」[156] 在「皇天上帝」[157] 這句句子裡，上帝和天兩個詞並列或說連起來。天憐憫人民，而且「王來紹上帝」[158]。文王小心翼翼地昭事上帝，同時「天監在下」的人民[159]。又或，當國家治理不良時，「上帝板板」，而且「天之方虐」[160]。在這個階段，上帝和天都被人格化。然而，在新政權投注的文化轉變之下，兩個互相假借的用詞則逐漸地分開；如此緊密相連的同義異字之情況逐漸分裂了，卻不必加以解釋，甚至毫不預告。這種語義上的微小曲折所帶來的變化卻是決定性的。「維天之命、於穆不已」[161]，於是打開了一個間距。「不已」便將新朝代的政治「任命」（只要其德配位）之延續連於絕不偏離而且

不間斷的宇宙運行（即天行），並使它連接於天行的調節能力上面。

2

《易經》是公元前一千年期間熔鑄中國思想的熔爐，其中的第一卦
全由陽爻構成，顯示天（乾）的能力，這是一切過程裡發揮作用的「始
發之力」。《易經》開篇句子是：

元亨利貞。

我們於是看到，這句開場白既不建構也不安排場景；它既不提出任
何條件也不作任何假設；它僅滿足於串連一時和另一時、一個階段和下
一個階段，亦即這個階段接著上一個階段而使上一個階段更新並把它承
載得更遠。就本義而言，這句開場白並非一句「句子」或一種提議，而
是表達展開過程的幾句相連句子，以四季來說明：「元」屬於春季，

---

156. 《尚書》〈大誥〉，理雅各譯本，頁 369。

157. 同上，〈召誥〉，理雅各譯本，頁 425。

158. 同上，頁 426、428。

159. 《詩經》，236〈大明〉。

160. 同上，254〈板〉。

161. 同上，267〈維天之命〉。

「亨」是夏季，「利」屬於秋季，「貞」（正直與堅韌不拔）是冬季。四季循環不已，通過埋藏在地裡以累積能量，直到更新。「元」（表示，日湧現於地平線之上）說的是日初和事物之「幾」（amorce），亦即當一個輪廓才剛形成時，它的發展方向已可預見了。所以「元」不是創造，而是每一個過程始動的最初階段，當氣開始個別化而凝聚時，就形成了萌發；正如「元」適用於大自然的演化，「元」也適用於道德生活。「元」之後的「亨」便是散播和成熟以至於表露：在這個階段，初始的搖動就到處擴展出去，從裡向外使事物「交通」並促進成長和發展。有兩件事於是值得注意。一方面，在這個過程性的能力上沒有任何主語（沒有動詞變化的中文容許句子不含主詞），就是說，主語的角色，譬如神作為偉大的施事者，不會出現在句子裡。另一方面，這個內部展開沒有提及任何原因（有原因，就會牽涉某種外在性），所以也不需要上溯到神以作為第一因，即作為眾因之因或第一啓動者。

的確，可從哪一個字開始而且這個字本身不已含有假設？或從哪一個字出發去探險，而且該字本身不已具有立場？《周易繫辭上傳》「象」一開始說：「大哉乾元。萬物資始。乃統天。」我相信這幾句句子因專注於現象就避免翻轉到信仰裡。「大」被強調，「大」足以說出慷慨大氣的能力；它敞開雙臂，能大大地擁抱（這個字的字形表示人打開雙臂），所以已經以某種方式道出全貌。因為單純地說出人面對宇宙和人間生活時所觀察到的「大」，這能讓自己避免在面對世界之外的無限時感到驚慌，如是，一開始就趨除了驚慌所造成的暈眩，這也是約伯（或

帕斯卡）面對神不可約比的創造時所感到的暈眩。然而「大」也不會設下界限以限制有限的而把我們關在該有限裡：如此慷慨大方敞開的「大」便脫離了藩籬，隨後就不會碰到邊界，所以也不會遇到衝突；「大」因此已經埋葬了所有的為什麼，而且不會提出質疑；「大」乃毫無焦慮地拓展開來，隨時隨地有一種能力被投注，這能力不停地「供給」，毫不保留地散播出去，永不竭盡地推動。這是為何人稱之為「大」並讚揚它。「大」從頭至尾指揮著我們稱之為「天」的持續來臨與流動（與「大」一樣，天是個表義字，大的上面加上一橫線，表示擁抱並覆蓋）。大哉乾元，萬物資始；就是說，乾乃萬物之開端、庫存和「資」源。「萬物」確實是最宏大的用詞，擁抱得最廣。「物」的字源意象是，牛和耕作（或袋子和被移動的土壤？）。銘文裡有記載，「物」是為了確認某種雜色的並可用來獻祭的牛：現實當中則用來指稱有體積和多樣貌的並有用的生物。法文裡用「être(s)」來翻譯「物」（能用別的字來翻譯嗎？），通過抽象化（抽象化並非「大」）這麼作已促使人去推測和思辨：就是說，不再專注於又廣闊又多樣的現象，而是使過程性的流動結成塊狀，朝向某個「更現實的事物」去深挖；然而在現象的流動之外不停的深挖當中，其實有「神」的「存在」作為底蘊。

象接著說：「大明終始。六位時成。時乘六龍以御天。乾道變化。各正性命。保合太和。乃利貞。」每一「時」適時來到，來得正好，這是為何「元」「亨」之後有「利」「貞」，以確保持續性。確實有連續的發展，就如卦從下爻往上爻持續展開，而且同時有「大明」隨處相伴，

但人們無需懷疑明光裡有陰影或面紗、某個洞或某種斷裂。此象裡並沒說「始終」，而說「終始」，既然「始」並非一次性地寫入時間裡，而是所有的過程裡都有它，而且「終」也不是最後的終結。我們都知道，每一個終止也是〔下一個〕開始，從所完成的事物就衍生出新的事物，事實上只有持續不斷的過渡。確實不斷地有「變－化」，所以我們不必引述永恆；不過，該「過程性的」絕不會偏離，這是為何它是「天的能力」（乾道），從此「正」性命。這裡所提及的最後的字是「和」，使「利」與「貞」不分開；「和」的確妝點了利貞：它假設在世界之外沒有任何事物能介入，同時，世界內部也沒有任何事物能分裂。在世界的進程之外既沒有任何外在性得以安置「神」，在世界之內也沒有大洞口得以迫使人想要呼求神。

3

上述相同的張力也在龍身上遍體流通，使牠不斷地變化，其體持續地一伸一曲以前進。龍於是被用來象徵經常更新的「乾道」。龍也被用來批注乾卦從下到上的每一爻。初九日，「潛龍勿用」，指的是龍在飛騰之前冬眠以養精蓄銳。九二日，「見龍在田」，就是說，龍的能力張顯於世人眼前。九三日，「君子終日乾乾」，就是說，就道德而言，龍

的能力即努力不懈，「乾乾因其時而惕」，君子以天道為榜樣，而天道是持久的。九四曰，或躍在淵；就是說，興發和隱退，兩者的交替使更新多樣化。九五曰，「飛龍在天」，終於指出了龍的能力之鼎盛狀態，就是完全發揮，先前鍥而不捨的堅持此刻轉成自然而然並且輕而易舉，亦即「聖人作而萬物睹」。從此進到至高無上的超然，但是這超然並不總是假設有天地之外的外在性：該超然是全面的也是內在性之抽象化，而不與世界對立。最後一爻，上九，「亢龍有悔」，而不是持久地保持興發狀態。正在發揮作用的能力本身會呼喚自身的更新：「群龍無首」。這種生成過程絕不會使某個特別時刻「為首」，就是說每一個開端只是被偵察到的時刻，因為天絕不「為首」也不偏愛任何事物。這就是為何天道不任自己被隔離成某個存有或某個元一，與其他的分別出來而被實體化，天道總是於其大哉運行當中回應宇宙的宏大運行。

　　天道不任自己被樹立成元一，因為天道一開始就展現互相關聯性：天回應地，地的收納之德回應天的啟動之德，而且天乾並非先於地坤，因它們二者彼此設想對方：天（男）若要發揮其生育力，必得有地（女）早已準備好要接受該能力。地與天互相關聯，這有其歷史背景。因為在商朝極為重要的山川獻祭，在周朝卻變得不重要了，由於周人把多種地上大能融滙成獨一無二的宇宙屬性，即大地，地從而被豎立為與天配對的伙伴；於是立下夏至日在北郊向地獻祭，對應冬至日在南郊向天獻祭。這就是《易經》第二卦，坤卦，回應乾卦，坤象徵地，其德是「隨」「順」。《易經》其他的六十二卦便通過多樣變化來延續乾坤二卦最初

的關係。因此也剔除了兩種可能情況的對峙：維護多種神明的「多神論」與相對自主的審級像「獨一神論」強制接受神為獨一的審級兩者的對峙。

　　神的思想在中國沒展開，這件事倒是讓人發現了一個更本質性的理由，既更貼近根本也更關鍵性。如果說一切都以相反互補的邏輯來思考（陰陽，起初指的是山陰和山陽），如果說一切一開始就把它的伙伴看作另一個與其相聯的他者（天對地而言、地對天而言），那麼就不再有本義上的「他者」，也就是說，不再有外在者（Extérieur）或異鄉人（陌生人、圈外人）（Etranger）。所以不再有作為他者的神，讓人可以遇見。一旦不再構思「每一個他者」的他者，而是在運作上把他者整合入構成世界的事物裡而形成整體全部，他者因此無法逃出該全部，神的形象因而後退而萎縮，這是合乎邏輯的。然而中文本身就傾向相反互補的思維，中文沒有性、數、格變化，沒有動詞變化，句子多用並列方式來構造，不會只為了追求某個意義而去大膽造句。但是中文致力於使用語之間互相關聯，一方回應另一方。我們看到，正是從占卜活動出發，在評論卜出的對稱紋路當中，形成了配對思維，摒除了獨一無二的詞彙（例如「存有本體」或大寫的「神」）。我們必須不斷地回溯到該間距的源頭，也必須不斷地回顧它所帶來的後果。

4

　　這種過程思維的確有其內在理路而讓人滿意，人們甚至不再想要去討論該內在理路，即關聯性、互動性、變化邏輯，等等。即使如此，過程思維能消除（人心裡）種種不安嗎？它能整合「一切」嗎？能填滿所有的空缺嗎？能堵住任何裂縫嗎？意義便來自裂縫，而且裂縫引起人的渴望。「天」觀在中華文明早期時就含蓄地把「上帝」所表達的神思維逐漸推到一旁，慢慢地清除掉該思維，這是為何《易經》裡沒提及神。儘管如此，即便天觀裡沒有祈禱，它能除掉個人對神的呼求嗎？在中華文明史裡一旦有了一種自主性的反思在占卜家和曆學家的圈子之外開始發展起來（公元前五世紀），該自主性的反思就脫離了宇宙學家的思辨，個人內在性因此得以深化，人便開始想像個體的命運，就是說，（當某個「我」最終得以表述時）「我」從此之後能只依據宇宙的調節來理解我的生命（生活），把它想成符合萬物運行的各種時刻，我的人生從而與這些時刻相合，不是嗎？據說孔子勤於翻閱《易經》，以至於串連該書的線曾經斷過三次。但是孔子私下對他的門人所說的「話」不「也」透露出別的事情嗎？歎一口氣、突然的不信任、一個懷疑、一種缺失，不也都透露某件事？或說，與其相反的，面對天，孔子所透露的，如果不是一種信心，至少有時候是一個信念，不是嗎？即使那只是所剩餘的？那麼，這飽滿的「剩餘的」會是什麼呢？

在「天」所提供的參照當中,「天」的確「仍是」一個恍惚之詞。只要當個人的意識甦醒時,人在自己的存在裡發現還有某道裂痕,而且該裂痕不再消除得了,此刻,「天」難道不是所有詞彙中最後一個會看見它自身的張冠李戴情形被削弱了嗎?當然有學來的並被重複的教理問答:例如在君子的三畏裡,第一畏是「畏天命」[162]。不過,此處的三畏觀已稍見小小的曲折了,因其主角不再是君主而是「君子」,也就是說,畏天命不再是政治性的而是道德性的;孔子的思想於此不也做出了貢獻?或者,天豈非仍是一種保護能力?當子路對孔子會見南子而不高興時,孔子說:「予所否者,天厭之!天厭之!」[163]。「天」豈非人不得不用的最後一詞,是人還能呼求的對象,所以是人不得不重複說的?或者,既然「富貴在天」[164],天難道不等於命運?或者,只有聳肩一舉,作為見證的最終方式?孔子重病時,總想做好可因此總做過頭了的子路,提出了「使門人為臣」的點子;孔子在病情稍稍好轉時說:「吾誰欺?欺天乎?」[165]。或者,天豈非人們能呼求的最終對象?孔子最愛的門生顏回去世時,他說:「噫!天喪予!天喪予!」[166]。豈不該在語言裡留下一個最後的不確定性,讓人關於既不能關閉也不能定義的事物可以說出生活當中無法界定的事情,從而打開一個逃脫的窗口,即一種清除而超脫的狀態?是否留下一種無法清除但也從此無法安置的超然,而「天」就像一片空白(因神遠離了)被用來泛泛地指出該超然,不是嗎?

然而與天的關係也可以更加個人化。孔子雖然不以被神差來的先知自居,他倒是清楚地意識到自己負有「天命」,否則的話,他的眾多努

力以及甚少被聽進去的許多教導會為什麼服務呢？對士人而言和對他來說，如果他的生平看起來是失敗的，這生平會以什麼作為參考？當孔子在路上突然遭受攻擊時，他說：「天生德於予，桓魋其如予何？」[167]。又，當孔子列遊周國以提供他的智慧給君主參考，在匡受到威嚇時，他用一種具有歷史深度的眼光來證明自己的信心：

> 文王既沒，文不在茲乎？天之將喪斯文也，後死者不得
> 與於斯文也；天之未喪斯文也，匡人其如予何？[168]

天確認他的志向，如果不是他的使命，並使其合法。天既奠定了該志向也為之擔保。因為孔子的建言沒被君主們聽進去，甚至還抵觸了一般人的感受，天不就是孔子告解的對象嗎？有一天孔子驚歎說：「莫我知也夫！」（首先說的是「沒人知道他」）[169]。子貢問：「何為其莫知子也？」子曰：「不怨天，不尤人。下學而上達。知我者，其天乎！」。終於發現了與天保持著一種同謀的也許甚至具有補償的關係。我們於此處沒看到一種與世界隔開的內在向度，更隱祕甚至私密的向度嗎？此處

---

162. 《論語》〈季氏〉8。
163. 同上，〈雍也〉28。
164. 同上，〈顏淵〉5。
165. 同上，〈子罕〉12。
166. 同上，〈先進〉9。
167. 同上，〈述而〉23。
168. 同上，〈子罕〉5。
169. 同上，〈憲問〉35。

難道不是一種主體性的萌芽和宣告，就如「神」作為人發言的最終對象，在西方被用來發展該主體性嗎？然而，孔子對「上」的殷切期盼卻沒離棄「下」的日常愁煩，沒拋棄實踐道德和禮儀，尤其沒在世界之外打開任何與世界競爭的向度。他沒啟動不幸的意識以追尋另一個世界和另一種生活。這樣的分歧並沒發展開來，不與「他者」開啟間談。《論語》這段話確實是獨一無二。

5

儒家傳統裡人與天的關係，整體上的確保持了一種架構宇宙秩序而且不越矩的關係。人對「（人）性」的觀念此後依據其與「天命」的關係來塑造。中國古代末期（公元前四世紀）百家齊放，對人性多有討論，例如告子說：「生謂之性也」。或者，個別的人性不也是宇宙宏大運行當中持續展開的具有調節功能的一致性的一部分？賦予君主的「天命」於是變成了每一個獨特生命能接受的道德指令。《中庸》開篇說：「天命之謂性」，此句成了這種思維選項的經典句子。或者，假如我們反過來構想該天人關係，那就是「盡其心者，知其性也」，知其性，就可「知天」（《孟子》）[170]。誰全然推展他所接受的道德要求（譬如面對他人遭受痛苦時所反應出的不忍之心），他就因此領會其性中的道德傾

向，並由此領會他的性是宇宙調節的一部分。也因此人們可以說：「存其心」，「知其性」，「所以事天也」。修身本身就帶來對萬物的理解。《孟子》一書裡沒有引用上帝，除了援引《詩經》時才例外地出現上帝一詞。由此產生了「中國式的教理問答」和「儒生」，歐洲理性時代人士非常仰慕他們，因為不再需要神以「奠定」道德。

如果說人性本善，或說人性趨善，「猶水之就下也」[171]，所以人不需要有一位拯救的神來解放人性；那麼為什麼還會有「不善」（不善並不是「惡」），人們甚至在歷史當中看到很多災害？這是因為人自然的善良喪失了、被蒙蔽了；聖人尚能完美地符合人之初性，其他的人則必須致力「回到」原初的善良，在他們裡面重新找到道德傾向。[172] 孟子於是邏輯上不得不回到「人性失落」的理論，就是《聖經》大大打開的人之墮落，但是孟子卻低調處理，以最簡約的方式或說最不悲劇的方式來處理。一方面，他把負面的事物看成是一種失調，就是說，喪失道德能力不等於喪失權利，所以不會導致無依無靠。另一方面，孟子小心翼翼地避免了必須把該情況做成一個敘事（即神話）。一個類比就夠了[173]：昔日牛山之上有壯美樹木，不過，因為該山靠近城市，「斧斤伐之」，導致該森林消失了；隨後，樹根重新長出，因雨露滋潤了它們，牛羊又

---

170. 《孟子》〈盡心上〉 1；請參看朱利安，《為道德奠基》，第 15 章，Grasset 出版，1995。

171. 同上，〈告子上〉 2。

172. 同上，〈盡心下〉 33。

173. 同上，〈告子上〉 8。

回來吃吃草葉，以至於人們沒想到該處曾經有過森林，可這才是山真正的「本性」。同理，我們的自然良善不也被社會上不好的影響所損害和蒙蔽了，首先就是受到戰爭和貧窮的摧殘。然而當我們清晨醒來時想到生之氣息已在我們裡面進行修復，就是說，在夜晚休息期間，我們擺脫了昨日的掛慮，而且清晨時尚未重新啟動相關的活動，此刻，我們的道德傾向不會再次顯露嗎？我們的「好惡與人相近也者，幾希」。但是人任由該道德傾向受到白天裡種種壓力的壓抑，它很快就消失了，甚至以為從來沒有過。孟子藉由這個類比就巧妙地避開了不得不需要救恩這個平庸的必要性。

　　孟子如是地了結了惡的問題，他把該問題的尖銳之處修飾得很好（他很巧妙地迴避了該問題拋出的障礙），隨後就再次提出天所支持的君主政治上的教理問答：如果君主採取合宜的政治措施，提拔有能力之人，避免壓迫人民，那麼鄰國的民眾都會視他如父母而來就他：他在地上就沒有任何敵人，他將是「天吏」，他的國度必定天下共舉。孟子擬把行善做成政治課題。即使威脅今天更緊迫，即使君主看到比他更強大的人而加強邊界的防守，孟子仍舊重複說著周朝早期的恆久教訓：「苟為善，後世子孫必有王者矣。」[174] 也許這種被強調的內在理路已於字裡行間並在不言裡暗中開始分裂了？孟子隨後說：「君子創業垂統，為可繼也，若夫成功，則天也。」此處事實上已聽見一種斯多葛式的撤退？人如其分地盡其力，但成功卻不再由他決定，而是由「天」決定。此處「天」不再表示那位致力榮耀道德者，而是那位逃離個人的責任和想法

者：角力關係隨後不就是要與已確認的道德秩序分開嗎？人就在這個歷史統一性的裂痕裡呼求神以求得解放。

孟子為了緩解該困難，最後不得不按照不同的情況用價值觀來粉碎它。他說，在與其他諸國的關係當中，「惟仁者為能以大事小」（「是故文王事昆夷」）；「惟智者為能以小事大。」[175] 以大事小者，「樂天」也；以小事大者，「畏天」也。樂天者因其慷慨而保天下；畏天者只不過服從了角力關係。或說必須對照時代：「天下有道，小德役大德」、「當天下無道⋯⋯弱役強。」[176] 斯二者「天也」：順天者存，逆天者亡。天涵蓋兩者，就讓人得以保持角力關係，因而如果不是在結果裡，至少在不同程度上保天下；隨後就把不善納入調節之下，把不善整合入天下運營裡。

然而當看事情的觀點不再是全面性的而是個別性的，當觀點是出於獨特主體時（孟子本人？），當君王的一個寵臣使君王不接見孟子，孟子覺得他有必要證明自己是合理的。他結論說，如果我失敗了，撤退到最後的庇護裡，這不是個人的事情，而是「天也」[177]。為人擔保的天，不會因此變得深不可測？又或，當孟子從齊國回去之後，顯露他因失敗而感到失望，他能滿足於「時代改變了」這個說詞而迴避該挫折嗎？當

---

174. 同上，〈梁惠王下〉14。
175. 同上，〈梁惠王下〉3。
176. 同上，〈離婁上〉7。
177. 同上，〈梁惠王下〉21。

然他可以像孔子之前所作的，呼求一種必定會臨到他身上的歷史邏輯，亦即每五百年必有王者興。可是，自文王迄今（孟子時代），已有七百多年了……。所以「夫天，未欲平治天下」；否則，當今之世，舍我其誰也 [178]？在孟子最後所說出的「缺憾」（七百多年沒出現復興之王）裡，露出的不再是一道人們可以掩蓋的裂痕，多多少少可以填補，而是一個大大敞開的缺口，從此產生了一種「等待」，像其他地方的人所稱的「等待神」（Attente de Dieu）？或者，古代中國人沒有任何關於最終目的論述也沒有末世論拯救的論述可期盼時，他們怎麼做呢？

6

為了劃清楚孟子留下的矛盾（他不想說明，並使其擱置於思想的邊緣），除了跨越該鴻溝或切斷最後的纜繩之外，很可能沒有其他的解決辦法。那就是，放棄已經過時的「天命」觀，不再給「天」澆上任何的超然性，切斷人對天的依靠及其互動的連繫，此連繫被投射在天道與道德要求之間，就是說，把全然獨立於人之外的天之運行構想成自然之道。中國古代末期百家之間的辯論，在政治上極端競爭的環境裡，使智慧的教導變成哲思競賽，「天」因此明顯地變成了物理的大自然，「屬於天的」（或說屬於天意）因此失去了所有的精神性，此後只被看作自

然的或天然的。天過去所承載的有關上帝的想法，隨著時間的推移，從印記轉為輕跡，事實上被擱置甚至被公然地放棄了。至少公元前三世紀荀子的〈天論〉開篇就原則性地分開了：

　　　　天行有常，不為堯存，不為桀亡。應之以治則吉，應之
以亂則凶。[179]

　　「吉」和「凶」只是人應對天然資源所帶來的結果，所以唯有君王要對之負責：「彊本而節用，則天不能貧；養備而動時，則天不能病」。繁殖，如果物資的管理很差，天不會興旺，也就是說，如果沒有任何事情可「怨天」，如人們愛重複說的，這是因為一切端賴政治能力懂得清晰地分辨「天人之分」，天此後就等於自然。

　　相較於人的活動，「不為而成」，「不求而得」，就確實定義了自然之「天職」。其雖「深」，人不加慮焉；雖「大」，不加能焉；雖「精」，不加察焉，亦即人不能與天爭職。天地人的確各自獨立而互相回應以成形塑天下的三合體：天有其時，地有其財，人有其治。然而「捨其所以參」，就是說，捨棄與天地的良好合作關係，而「願其所參」，則惑矣。我們所稱的「神性的」或「天上的」於是變成了「過程性的」思維及其內在性。因為「列星隨旋，日月遞炤，四時代御，陰陽大化，

178. 同上，〈公孫丑下〉22。
179. 荀子，〈天論〉，開端。

風雨博施」，所以「萬物各得其和以生，各得其養以成」。人只是「不見其事，而見其功」，這就是所謂的「神」。眾人「皆知其所以成」，卻「莫知其無形」，這就是人所謂的「天功」。「唯聖人為不求知天」。面對宗教性的天不需做出任何推測，同理，面對自然的天也不需建構任何學科，除了與曆法和勞動管理相關的星宿和時節；這些事情由天文家這類的專門官吏來管理，而不是由聖人和文人來處理。

自此之後，「天」僅表示大自然，至少在荀子的論述裡；有關天觀的張冠李戴從此消失了，思想也變作純人類學的，就是認為人性來自「天命」的觀念從此被埋葬了。道德從此變成一件純社會性事件，「禮」的重要性因而重新被強調，唯有禮因其典範形式而能確保人的行為所必需的調節。唯有「天功既成」，人才會「形具而神生」，亦即好惡喜怒哀樂臧焉，夫是之謂天情（自然感情）。人內在一切都是「天」之運作，亦即自然的運作。「福」乃尊行萬物運作秩序，而「禍」則是背離該秩序；這就是「天政」（或自然之政）。遵行這些功能而全其天功，其行曲治，其養曲適，其生不傷，夫是之謂知天。「故大巧在所不為，大智在所不慮」。與其「放大弘揚」天並思慮它，倒不如以天來滋養萬物並治理它們。與其順天而頌之，倒不如管好其自然秩序並取得益處。如此把天完全自然化了，只會讓人設想功效，從而拉回到政治上實用的思慮，這不僅遶過了宗教也遶過了哲學，就是說，與其探問萬物如何來到世上，最好「協助已經成就的事物」，不是嗎？「錯人而思天」，則失萬物之情。

　　　　　　　　　　　　　　摩西或中華　Moïse ou la Chine

7

　　中國思想發展到這個地步，終於要和它自己做出明確的分別，要脫離它那原則性的和諧，甚至要反駁哲學，也已出現了反哲學。中國古代末期諸侯國爭霸，政治現實主義輕而易舉地掃除了那些被用作道德誇耀之辭神祕化的神性。清理「天」觀乃勢在必行：「治亂非天也」；「天不為人之惡寒也輟冬，地不為人之惡遼遠也輟廣。」[180]星墜木鳴，人民皆恐，這是因為他們不明白，天地之變，即使非常罕見的事情，「怪之，可也；而畏之，非也」。沒有不可思議的事情。或更準確地說，如果有不可思議的事情，那就是惡政帶給人們最壞的災禍。天被構想成大自然，因此很明顯地脫離了超自然的事情：

雩而雨，何也？曰：無佗也，猶不雩而雨也。

　　可是為何日月蝕而救之，天旱而雩，卜筮然後決大事？荀子出於對文化發展的概念，他的回答極其強烈，甚至具有驚人的現代性：「非以為得求也，以文之也」。「文」指的是「文化」。荀子繼續說：「君子以為文，而百姓以為神」。他結論說：「以為文則吉，以為神則兇也」。從文化角度來思考對神的想法，或把文化的事情當作文化性的而非神性的，這實際上不是文化絕對主義嗎？

---

180. 同上。

超然性在這種「自然主義」裡可以降低到零度，但不會因此出現「無神論」。中國古代末期思想的確普遍認為「其有夜旦之常，天也」[181]。隨後，大自然運行：

天道運而無所積，故萬物成。[182]

其「德」是過程當中無為之德，聖君的行為必須符合它，亦即「無為也，天德而已矣」[183]。從此之後，必須避免誤解中國的「天」，像我們歐洲人平常所理解的。首先要避免把「天籟」視為《聖經》故事裡的天使們所演奏的音樂[184]。而是要理解「天籟」是自然而成的，就如《莊子》裡最美的段落之一所說的，不同於人用樂器所製作或引發的「人籟」，也不同於風吹過樹林和岩石而產生的「地籟」，「天籟」乃於其內在被聽見，就是說在樂音本身「咸其自取」，就是最多樣的湧現而自然形成和聲，[185] 還未探問該聲息由誰發出。所有的音樂家在他們的經驗當中不都是一開始就沉浸在音樂所源出的內在性之德嗎？同理，必須不把「天樂」理解成神以其臨現所帶來的填滿而激起喜悅，而是理解成由己而出的泰然自如。[186] 此「天樂」甚至不會被看作是一份「虛靜恬淡」式的「善」：它只任由自然的過程性管理，它與天地進程之無窮本源（Fonds sans fond）相「和」，所以「均調天下」。

我們於是看到思想上兩種可能的論證，或說兩種邏輯，它們此後面對面地彼此注視並互相反思。一方面是（出於意志的）行動：這是主體—

主動者（sujet-agent）、選擇及自由的邏輯，歐洲思想把該邏輯發展得極其壯觀。與行動平行地，話語、說服和民主的權能之建構就是由它出發的。另一方面，與之對看的是，（自然的）功用：這是過程邏輯，默默地運作，不使主體和客體對立，或不使被動的與主動的對峙，此過程邏輯在中國古代末期就體現於天觀思維，隨後體現於道德與「禮」都要求的和諧，而中國的政治就奠基在該和諧上。在第一種行動論證的後面有神作為第一因或創世者，就是作為一種無窮的至上意志的主體，同時又是作為相遇和祈禱對象的「他者」。進到第二種過程論證，反而讓人走到可能安置神而同時也能消除該需要所需的條件這一邊。在過程論證裡，有神的假設並沒被拋掉（像歐洲人所作的，因為有神的假設與科學征服性的知識對衝），或說，它沒被拋掉，只因為它是無用的。不過，在中國和在其他的地方，有神的假設出現在文明尚未定形的時期，但是在中國的過程論證環境當中卻找不到發展的土壤，它便枯萎了，被「道」這個宏大主題漸漸地覆蓋了：就是說，不再是關於神的想法如教條一般地形成於其上的「真理」（vérité），而是眾生與萬物進展過程中的「通暢（道通）」（viabilité）。

---

181. 《莊子》〈大宗師〉；亦請參考《禮記》〈哀公問〉16（顧賽芬譯文，頁 374）。

182. 同上，〈天道〉開端。

183. 同上，〈天地〉開端。

184. 同上，〈齊物論〉開端；請參考朱利安，《不言而道》(Si parler va sans dire)，頁 64-65，Seuil 出版，2006。

185. 同上，請參考郭慶藩精彩的註解，郭慶藩版的《莊子》，頁 50。

186. 同上，〈天道〉開端。

八． 道或通暢無窮

摩西或中華　Moïse ou la Chine

1

　　原則上，神是排他性的。即使希臘神明多彩多姿，他們也顯出極其保護一己之權力，他們處於競爭當中以求互相取代。即使這些神明交纏不清，互相打鬥，他們倒是在內部滋養著一種建構他們甚至象徵他們某些本質的競爭，而且他們彼此從未讓步。至於希伯來人的「獨一神」，十誡的第一誡說：「你在我面前沒有別的神」。如是，所有其他的神一開始就被排除了，（希伯來人的）神一開始就擺出敵對姿態。埃及的災害便是神彰顯他的優越性勝過其他神力的角力考驗。唯有該神是真神，是揭發偶像的真理之神。神的獨一無二不在於其特殊性而在於不相容。在獨一神論裡，該不相容的要求更為激烈，它的外露也更暴力。假如我們反過來說，「一切是神」（一切都是神或神是一切）或神在「一切裡」（即「泛神論」或「一切在神裡論」），那都只是一種指鹿為馬的表達，事後才塑造出來的以便回收永久失去的內在性（例如在黑格爾與謝林〔Schelling, 1775-1854〕之間）。或說，假如神被想成打開的「道路」，這條路很可能是一條真理之路，此真理卻用它的目的把路關上了（例如《約翰福音》說：「我是道路、真理…」）。這條路引到應許之地，引到救恩，引到「永生」。「我的天使走在你前面」，就是說，天使在前面指引人；道路本身就含有某個終點的應許。道路有一個最終目的，而此目的早就登記在創世的開端。

然而中文裡的「道」拓寬了「道路」主題，道不是通到某個目的而是我所稱「通暢（道通）」。它的功能就是「通」，它的美德是不滯，它的志向不在於指出一條出路、一個拯救（即「指向」），而在於「無止境地任由通過」。道並非事先投出（神意）因而成了一份神的藍圖，而是「道行之而成」[187]。道不會帶來真理，道之「通暢」就說出了道的可行性（就像一條可行的路）以及它所得出的實現能力（就像一家企業或一個胚胎得以發展成形）；所以道說出了萬物如何自我更新而變成，生命（生活）如何自我保持活力。道適用於天行和人行，道因其暢通無阻就表示良好行為，所以也表示教導和道德性。於是道被用來指示一種交替現象（對個人而言也對群體而言），甚至被用來指出時代更迭：「有道」或「無道」，隨後是治世或亂世。道的理論和實踐之間的對立包含了「過程」（le processus）和「程序」（la procédure）二者。「過程」是內在的持續性：孔子說：「吾道」（亦即我的教導）「一以貫之」[188]。「程序」是（《莊子》裡的）庖丁游刃有餘的原因並非庖丁解牛的技藝，而是他「好道」[189]。「神」和「道」在各自的文化裡都是頂端辭彙，能在這個視角下開始互相揭開面貌：道是一個「連接」詞，保證了思想的流動和關聯；而神是一個「分開」詞並孤獨而立，它用自我絕對化來壟斷一切。道的確與中國思想其他的重要語彙平起平坐，並與它們進行組合：「天道」說的是，道不與天行斷開；「道德」說的是，所有效能之源頭那種過程性的能力。

　　「道」是組建宇宙的關聯渠道之重要辭彙，是它的關鍵詞，涵蓋中

國思想的《易經》裡的一句話就讓我們看到這點。這句話從未被批評過（會被批評嗎？），總是重複地被註解，它一語道出了全部，但是什麼也沒提出，那就是：「一陰一陽之謂道」。「時而陰，時而陽」，「既是陰又是陽」，這句話既說出了互相依賴也說出了彼此交替。註解家們說：此「道」就是「天道」，宏大的現實進程。然而如此的開放倒是一開始就關閉了，因為人們不必再自問產生萬物的動與靜來自何處，既然陽是動之因，陰是靜之因，而且陰與陽形成兩極，乃「無始」[190]：亦即不再需要某個「第一動因」（premier Moteur）。「一陰一陽之謂道」接下來的兩句是「繼之者善也，成之者性也」，三句話因而形成了一個整體。必須在自然調節延續當中保守道德之善，人的行為與宇宙和諧運行之間沒有任何的分差，就是說，在倫理和宇宙運轉之間毫無斷裂（沒有任何想得到的不和），而此斷裂必定使人呼求神以使它們接合。由於人性本身已具有道德志向，所以沒有任何惡（即沒有任何原始的裂痕）會使有關合理性和最終目的的問題湧現出來。再一次，貫通性（內在理路）的機制消納了有關意義的問題。無須針對形成世界的事物去另建某個理想（理想是外在的）。「道」說的是一種內在性的通暢，如是，絕不會自相矛盾。「一陰一陽之謂道，繼之者善也，成之者性也」確實是無法被超越的句子，它們的互補性也是無法被拆解的；我們有能力打擾它們嗎？

---

187. 《莊子》〈齊物論〉。

188. 《論語》〈里仁〉15。

189. 《莊子》〈養生主〉；亦請參考朱利安的《養生》（Nourrir sa vie），第八章，Seuil 出版，2005。

190. 王夫之，《周易內傳》〈大論上〉6；請參考朱利安，《內在性形象》（Figures de l'immanence），第七章。

2

　　中國語言和文化把上述的觀念當作不喻自明的基本道理而無止境地編織和複習它,在此情況之下,該觀念能被動搖嗎?中國古代末期所稱的「道家」,雖然沒因此重新質疑這個過程道理,沒對其所含的預設提出疑問,道家們倒是從其中抽取出一些效用或說前所未聞的協調。總而言之,他們並不戳破該道理,甚至不使它出現細縫,而是把它折疊又使它重新展開:他們用語言的發明力來折疊它,然後使它開得更廣闊。他們最終因此使人著迷卻也讓人倉促不安。他們顛覆了人的思考能力,使用冷嘲熱諷以及譏笑去震撼言說能力直到使之傾覆。他們指向一種不可約比性(incommensurabilité)[191],道於是被絕對化了。他們玩弄弔詭(悖論)而導致人仰馬翻,或至少表面上如此,以此回覆人對存在所感到的不安,使世界之進程開向孤獨和靜默的空無:由此生出淡漠與泰然。他們高調地與約定俗成的論說逆向而行,挑戰人對禮的循規蹈矩,因而與現世打開了間距,但這是為了把人要遵行的永恆呼求移到某個「之外」裡,亦即上游,甚至處於一切上游的上游,即太虛或元型形成的上游,第一「道」和第一通道,在所有的臨現和一切的作用的源頭,也就是說,連接一切的通暢正是來自這個虛空或這根本上的「掏空」(évidement)。道家們因此擺脫了與世界的連繫及其桎梏,但不因此附屬於另一個世界,不管那是理想的世界或是神的世界,他們也不皈依於另一種信仰。我們出於歸類的方便而樂於稱他們為「玄人」,卻沒重

新思考「玄」這個範疇（此處不是愛的融合，不是與他者的相遇，甚至不是本義上的「奧祕」）。不可言喻的事物，不也是一種純自然及其內在性的不可言喻，不也是語言的不可言喻？語言的不可言喻則來自解析、界定和篩選這三種聯合操作，因而只會埋藏和剔除本真，不是嗎？

　　正因為道是被掏空的，所以也因此毫無障礙，道就任由暢通無窮：《老子》說：「道沖而用之或不盈。」[192]去個體化同時也是去障礙；或說，清除就保證除掉桎梏。還必須回溯到個體化之前，就是在形成和識別之前那種原始性的空無，當本原的能力尚未聚焦而被指定之前：此刻，道乃「過程性」（processualité）永不枯竭的源頭。在所有的特殊「作用」之下，即形成世界的具象的「有」羅列著並顯現著之下，必須懂得領會確定可觸摸的「無」，「無」於其上游使所有的可能性相通，這些可能性從「無」衍生出它們的興發和開展。然而這「空無」並非存有本體論的不存有或沒有，而是一種去除了飽漲的空，因而能讓滿盈充分發揮效果：在空碗裡、在敞開的門、在牆裡，空任由通過[193]。在這個原始的擴大階段，道只能被形容為「恍惚」，無法被特徵化，的的確確「恍惚」：並非道超越了任何可能的界定而以其超然跨越了定義，猶如我們所說的「神」，而是因為所有的特徵化在中和過程當中自行消散了或被消納了。必須位於事物來臨之前的上游以讓其形成並順著事物運作趨勢以協助，

---

　　191. 這個字表示雙方之間沒有共同的衡量尺寸，因此無法比較，就是不可約比。——譯註

　　192.《老子》4。

　　193. 同上，11。

這屬於策略性的視野（《老子》給君王的建議）：位於效應之初以便使效應自行展開，不需要人「為」，就是不需要人的介入或投注，若有人的介入，則會限制效果，也會因強迫它而導致它不穩定。如此一來，這種內在性的能力免除了神的作為，《老子》註解者也從其中極佳地看到：「若萬物棄道而求帝王，主其安在乎？」[194] 還能把他安置於何處？

3

有關〔西方〕神的思想，另有一派主流，就是以反對飽滿的存有本體論之方式去思考神：不同於笛卡爾的積極無限性，這流派認為基督本身「從至高降到最卑微狀態」（kénose）（保羅已經如此想）：就是說，基督自我「掏空」，降為卑微，以至於他反而因此崇高；或說，基督自我謙卑到因此「收到高於萬名之上的名稱」。道家的空其實也不自我侷限於任由效果自行發展，毫不為了取得益處而加以干預。道還有一份自然慷慨（一份根本的謙虛）「生而不有，為而不恃，長而不宰，是謂玄德。」[195]「大道汎兮，其可左右。」「萬物恃之而生而不辭」；「衣養萬物而不為主。」[196] 或說得更基進一些：

道隱無名。

夫唯道，善貸且成。[197]

　　帕斯卡的神掩藏自己以便留給人尋找神的自由，或者大寫的存有保持隱退狀態，如海德格（Heidegger, 1889-1976）說的，存有隱退的方式反而使它成為我們的「目的」。他如是說，好像仿效《老子》的道深藏於無，亦即在萬物形成的上游，「而」萬物形成的能力正是由此而來。「而」既表示「但是」也表示「以至於」：說出了疊加的讓步和連接。用去個體化來隱身（le désapparaître），這是任何特殊顯現的條件，或是任何可能的展開之前的隱退。這是一種關於本原的論證，甚至是最原始的論證（位於眾文化的上游，所以也位於神學的上游），道不也參與了該論證嗎？
　　因為道的確成了表達本原和初始的詞彙：

　　　　有物混成，先天地生。寂兮寥兮，獨立不改，周行而不
　　殆，可以為天下母。吾不知其名，字之曰道。[198]

　　此處是關於宇宙起源說的痕跡，而不只關於宇宙一致性，即一個首要功能被隔離出來而被個人化，甚至像存有本體論的神，開始在謂語裡

194. 同上，4，王弼的註解。
195. 同上，10。
196. 同上，34。
197. 同上，41。
198. 同上，25。

被絕對化：於是出現了分離和不變。但是這個神學化嘗試卻很快失敗了，它被壓縮而無法走得更遠；上述的《老子》二十五章結束時指出的思想層次，就讓人看到道思想再次與占卜打開了間距：

人法地，地法天，天法道，道法自然。

位於終端的「自然」，就是說，根據其註解說，此處最隱退的不是一個「稱呼」，而是「一句極端的句子」以便說出「自然而成」的事物 [199]，也可說「自然而然」。道不屬於任何敘事，無法預見任何啟示訊息，道只因自然性而無為；道最終溶解成自然性；道的超然逆轉成內在性；道說出通暢無窮，所以把道神學化的做法便沒有未來（發展前景）。

神的固有特性是「不可見」，除非當他想要在西奈山上向摩西顯現。隨著人有關神的想法越來越純，該「不可見性」被加強了，教會聖師研究學派稱之為「aoratos」，這是神之超然性的第一謂語（修飾語）。該不可見性是原則上或本質上的，如是，它是絕對的；就是說，神既為靈，就一點也不屬於可感覺的，他因此才是「神」。道來自那種不可見的嗎？應該說，道來自「不可辨析的」或「不能見到的」；這看起來與神的「不可見性」似乎只有一絲細微差別（常常被忽略的差別），卻因在神與道之間打開了間距而具有決定性。道的確被說是「夷」、「希」、「微」[200]（幾近不可見）。如果說人「不見」、「不聞」、「不得」道，又如果說道「無狀」，這是因為道任由通過的「空」位於有狀及其可見的上游，亦即位

於虛的階段，所以道只會看似「恍惚」，幾近可感覺的「門檻」。「無狀之狀，無物之象」，因為只有最初的輪廓，隨後在下游被確認以成物而具體展現在世界進程當中。這是為何神只能「再現」於其屬性裡，只要人們准許，神以人想像的象徵方式再現；道的能力則展現在每一筆劃的空裡（每一劃的空白裡），讓世界的氣在該虛裡流通。這包括山或石當中的虛。中國文人畫最常由此得到靈感。

　　如果說神不可見在神學裡是一個常識，那是因為神被認為是「不可名狀的」，甚至禁止人命名神；因此關於「神的名稱」的問題既多又無休無止。依據《老子》傳統的前後章節順序，它的開篇也有同樣的情形：

　　　　道可道，非常道。[201]

　　然而人無法指稱的此「道」，其實指向一切發展過程的上游。因為道的元型是一致的（道最初的圖式是子宮），並且常態性地運作著，所以道尚未特殊化，還沒個別化，也就不會任由自己被任何命名動作化成片段。這就是於隱中促使萬物相通的原始之道，所以任何指稱肯定於其中消解了。「道」在具象掏空之後則無窮地任由通過，而不會被任何名稱武斷地卡住。因為每一個命名不僅僅是界定及其帶來的侷限（對神而言也有相同的情況），命名最先是〔使被指定者〕固定下來而變得頑固

---

199. 同上，王弼註解。
200. 同上，14。
201. 同上，1。

不通。這也是為何要把道神學化時，反而說，道不可道：

吾不知其名，字之曰道，強為之名曰大。[202]

道之「不可名」反而在人們不給它任何特殊性質並讓它保持開放、總在過程當中時最有效地被消納：

大曰逝，逝曰遠，遠曰反。

每一種定性修飾剛被提出就立刻被拋棄，既難以描述又含蓄；剛被宣告旋即就被廢除，定性修飾也因此任由通行。「道」從一個用詞到下一個用詞被橫向地穿越，每一個修飾用詞便向下一個敞開，同時也更動了上一個，從而除掉了上一個的安定並除去它的界定；此道通過無止境的多樣變化而不停地重新述說自己。結果是，「說」用「放」來取（捕捉），亦即不容自己被任何詞固定下來，而是讓那些詞互相放大，並使它們接二連三地成了對等詞；如是，說就在論述當中實實在在地複製著「道」永不枯竭的「進行中」（l'en cours）。

4

　　「道」使我們暫停在神學化或自然性兩者的分岔上，甚至道可能在轉進兩邊當中的一邊時出現搖擺。如果沒有神與之對看，「自然」會表示什麼？或說，為何中國人的「自然」觀與生存相連，結果勝於神？在《莊子》最深的底蘊裡，一旦句子正面地表述時，它們就貼近神學；例如，道乃「萬物之所繫而一化之所待乎」[203]。道既然已被絕對化為至上，就接近認知一種本體化的邏輯（但不因此有一套「存有本體」語言），此邏輯使道絕對化也把道永恆化：道被說成「有情有信」。道「可傳而不可受」，「可得而不可見」。其用既明顯且獨立：「自本自根」；「自古以固存」。即使此處沒有用來說出永恆的存有的詞彙，首先就沒有用來說出絕對意義的「存有」（即希臘人的 eînai）的字詞，我們仍然看到那些簡短的句子試圖接上存有本體。此外，道還有使靈活靈現的能力：「神鬼神帝」，「神」這個中文字既可指稱神也可指稱鬼，不是嗎？這些句子既說優先又說優勢，就能開拓出一種可能的超然：「在太極之先而不為高，在六極之下而不為深，先天地生而不為久，長於上古而不為老」。「莫知其始，莫知其終」。這個神學化過程的開端於是合理地帶來了一段短短的神話人物系列，依據氣能過程傳遞道的能力：「豨韋氏得之，以挈天地；伏犧氏得之，以襲氣母」等等。

---

202. 同上，25。請參看朱利安，《大象無形》，第四章，Seuil 出版，2003。
203. 《莊子》〈大宗師〉；請參考朱利安的《養生》，第一章。

然而思想上確實被瞥見的一種可能性卻沒發展開來，沒帶來任何結果，該可能性會是什麼呢？該可能性因與其他的資源打開了間距而最終被凸顯出來，隨後能在思想上打開一個未來（發展前景）嗎？又，西方神學呼求「等待」以期盼的「永恆」，「道」則保養「當下」活力，譬如長壽以及《莊子》裡所提及的直接效果，這一切所帶來的結果意謂什麼呢？我們於是看到從永恆轉進當下。道並不促成某種真理話語，而是說出不管在個人層面或宇宙層面，氣通過何處來不斷地自我更新而永不枯竭。就道而言，調節勝於啟示：通暢之道（la voie viable）就是可活之道（la voie du vivable），此道因更替運行以自我更新，就像呼吸讓我們於內在最深處所感受到的運作。於是出現了從神學轉進生命（生活）的翻轉，因而打開了間距；從一位面色還清鮮如幼兒的老婦的回答裡，我們立刻看到那個翻轉。在她口中，道的過程性清楚地呈現為「程序」，經由漸進地清除掉一切阻礙生命力的東西，內在的淨化使她抵達最圓滿的境界。於己內通過氣的澄清和精化，人的本生能力逐漸被感知被發現，那些撕裂並勞累生命的對立事物就建立在本生能力的空處，它們此刻也在此處消散了。

　　　吾猶守而告之，參日而後能外天下；已外天下矣，吾又守
　　之，七日而後能外物；已外物矣，吾又守之，九日而後能外生。

　　「已外生矣，而後能朝徹；朝徹，而後能見獨；見獨，而後能無古今；無古今，而後能入於不死不生……無不將也，無不迎也；無不毀也，

無不成也」，以至於從濁中生出攖寧。此處所建議的「去思慮」（dé-préoccupation）不只是道德性的或斯多葛式的：一步又一步地清除掉凡是阻塞和障礙生活運行的東西，由此使「道」於自身之內自由通行，也就是說，回到生活更新過程不停地經過的「無」，人於是在其源頭或原則裡順著生命能力而活。然而當人不再違反該情況時，它會逐漸損壞嗎？淨化的事物其實是不會枯竭的。此處，人對「玄奧」的痴迷非但沒被挖成只有神才能填滿的深淵，反倒轉為「養生」的志向：人可觸及的是「長生」而非不死。

5

自然主義一旦把它的反思範圍從世界的某個面向擴大到整個世界，原則上就會帶回到「神」的可能性；該主義內部就有一個提問：即，一旦提出「誰」這個問題，人們便從「物理」（自然）返回到神學的門檻。誰做的？誰在這個秩序之前？這「誰」，一旦被提出，不就立即帶來了人格化的神？《莊子‧天運》開篇就說：

> 天其運乎？地其處乎？日月其爭於所乎？孰主張是？孰維綱是？孰居無事推而行是？[204]

這個問題其實不正是所有時代和所有的人都會提出的，不管他們在什麼地方和用哪種語言提出的？我們能避免嗎？然而該二選一立即讓人想知道如《莊子》裡所說的：「有機緘而不得已」還是「運轉而不能自止」。哪裡是開端？哪裡是終結？「雲者為雨乎？雨者為雲乎？」；「孰隆施是？」最先之誰，最早的誰－主體（Qui sujet），人們或可把這個問題心理化：「孰居無事淫樂而勸是？」。人們也可把該問題宇宙化：「風起北方，一西一東，有上彷徨，孰噓吸是？孰居無事而披拂是？」最後結束論述的問題則是人們向來到處所提出的：「敢問何故？」

　　於某種程度上回答就在提出的問題裡，因而被消納了。「孰居無事」的確一而再、再而三地被重複，因此是結構性的：亦即道家的無為之「道」於字裡行間被聽見。此外，這次的提問如果是關於身為作者和起因的主體，如果該句子針對萬物運行為什麼如是的可能性而提出的，正是因為該概念先前就有的自然循迴觀點：星宿之運行、風、雨以及宇宙的噓吸。那麼回答會是什麼？它不來自任何聖人或神甫，而是出於一位「巫」（占卜師）——我們都知道中國人對宇宙調節的關注上占卜的重要性（很可能帶有巫術色彩）：

　　　巫咸袑曰：來！吾語女。天有六極五常，帝王順之則治，逆之則凶。九洛之事，治成德備，監照下土，天下戴之，此謂上皇。

這個回答沒經過討論就不加思索地給出：它像私密，是權威的宣告，它不與任何一方對談而且阻斷了其他任何的質問。還有，我們可以這麼說，該回答屬於普遍的政治層面，而不屬於形而上神學層面。它一開始就斷然關掉了對為何和對原因的提問，解釋以及解釋的真不真實之重要性立即被埋葬、被壓在用順從符合以保持秩序的重要性之下。隨之而來的是再次融入具有道德教導的歷史邏輯：

> 九洛之事，治成德備，監照下土，天下戴之，此謂上皇。

掛念「政治上的治」勝於提出問題，因此斷然地使提問縮捲了。尤其是，文中的上皇有什麼固有特性引不起人的興趣，句子就此停止，沒再多說什麼。「戴之」意謂什麼？一位監視天下的神的確被瞥見了，卻沒展開。該神引不起注意，不生產，不是資源，毫無延展性。

6

「調節性的」秩序倒是填滿了一切，可它能減少意外的和情感上的任何痛苦嗎？我們於其中絕對看不到任何「存在性的」抱怨嗎？該抱怨

---

204. 同上，〈天運〉。

揭發了被視為普世的人類經驗之固有本性，它本身不可能含有對神的呼喚嗎？為了讓人聽到一種質疑聲音，以便說出他根本的不幸或無依無靠。在萬物如此貫通的安排裡主體絕不會分裂嗎？這個非難或說悲歎豈非在要求一個「他者」（由於與我類似者已不足以承擔）以讓我可以向他投訴？誰能聆聽我的抱怨呢？我們在《莊子》裡確實聽到一個活生生的抱怨，毫無掩飾，也不模擬兩可：

> 一受其成形，不亡以待盡。與物相刃相靡，其行盡如馳，而莫之能止，不亦悲乎！終身役役而不見其成功，苶然疲役而不知其所歸，可不哀邪！人謂之不死，奚益？其形化，其心與之然，可不謂大哀乎？人之生也，固若是芒乎！其我獨芒，而人亦有不芒者乎！[205]

　　這就是中國古代的一位思想家所說的話，似乎頓然直白又絲毫無損，沒因時間上的遠隔而產生窒息感，也沒因語言的距離而造成的朦朧模糊。此處不再有什麼可解釋的，不再有上下文可援引的：它是人最基本的抱怨突然湧現得近在眼前，或更準確地說，它一開始就為大家共有的，抱怨以自我加深並由己發展出自我認知，不是嗎？為何在中國「苦難」沒把人們對神已半睡的想法喚醒呢？

　　我們繼續看有關存在的抱怨如何看待自己，抱怨不再任由自己被覆蓋而窒息；人在意識形態上不再否認或壓抑抱怨，而是從邏輯上去中

和並吸納它，這麼作確實是明智的。因為此處把人生存狀況戲劇化，就不會產生經驗上的斷裂，隨後也不會呼叫另一種可能的經驗，這另一種經驗就是以位於世界之外的神作為人最私密的談話對象，人向他說出人所遭受的委屈以求分擔並得以從委屈裡解放出來。但是被無窮展開的「道」主題，拆解了向神告解的強烈感受的編劇，把它融化於經驗的「自然性」或內在性裡，因而凸顯出每一種經驗僅僅因它已成經驗所以是合理的。也就是說，指出經驗的一切成分或一切外貌於其內部都有自己的理路去自我證明合理：

物固有所然，物固有所可。無物不然，無物不可。

　　經驗之「然」並非在其與他物的對立裡或在其被他物的興起裡，這麼做則是從該經驗的外在角度高高在上地去看它，人會從該視角出發去評斷和開展它；而是在「然也」唯一視野裡，換句話說，經驗自主地來臨，甚至從每一然的內部和從然的發出[206]，如何「然於然」或「可乎可」，如是，打開了一條通道，此道便自行形成現實。由此回溯到一切形成的原始階段，即「道」，就是所有的「然」之源頭，我們就不再強調某一個現實勝於另一個現實，所以使「生」戲劇化了。這是因為歸於道就帶來兩件事。一、「道行之而成，物為之而然」，由此去品味宇宙中無窮的多樣變化、味道和閃爍。二、陪伴該形成除掉形而返回到無，

---

205. 同上，〈齊物論〉。
206. 請參看上一章關於「天籟」的部分。

不必再抱怨它的消失：即迎接死生二者，死生在不受約制的「道」的統一性裡是相通的，統一的道使通暢並拓展。

我們在《莊子》和其他的書裡讀到的最先是死亡以及生之短暫的焦慮：

人生天地之間，若白駒之過郤，忽然而已。[207]

「生物哀之，人類悲之」。臨死之前的哀愁不會使人轉向神，即使是在最後時刻也不會轉向神？然而在莊子的思想裡，死的自然性不是來自無神論的展示物質論的嚴謹論證，因而駁斥了「神擔保不死」這個太容易的承諾。死的自然性深植於內在過程邏輯，所有的討論只會蔽其「然」因而錯過此「然」。「不形之形」和「形之不形」，這是「人之所同知也」，是一種沉默無語或隱藏的知識，不停地暗中穿越一切經驗，穿越每一種存在感；「非將至之所務也」。因為我們在這方面能「觸及」的並非死亡的意義或無意義（「神祕」或「荒謬」），而是死亡的無意謂（non-signification），或更準確地說，死亡的無意謂能力（non-significativité），就是說對死與生皆不必質問其意義。它們兩者內在緊密相連，序列貫通。「至則不論，論則不至」。這不是有什麼不可言喻的或晦澀難解的，反倒是死和生都屬於「道」的自然過程，即持續之「然」：一旦談論它們，會打斷該「然」，就立刻失去此然而磨掉它；也就是說，死生也彼此不可分地參與了無窮之通暢。

7

中國古代末期，公元前四世紀到前三世紀，中國思想百家齊放而在哲思上互相爭論，極其多樣化但沒因此宣告有「上帝」。中國思想當中有思考政治的社會建構，但不是從法律出發而是從「禮」出發去思考，因思想家們認為禮在人間體現了宇宙秩序（例如荀子的主張）。其中也有把「明主」權威歸附於內在性義理，如《老子》裡所展開的，把君主寶座當作一種能產生自然順服的部署，促使人民本能地害怕權威或激起他們為了利益而服從君權（此乃帝國和君主專制之始作俑者韓非的論點）。中國思想裡也有擺脫統一的社會秩序，進而對所有的社會根基提出質疑，也樂於以提出懷疑來顛覆社會秩序（如惠施之類的「詭辯家」們的看法）。但是其中沒有任何一種思想派別把超然性發展得超越孟子的主張，即視天為調節宇宙運行的根源，而且人能於自身的行為當中展開道德以求自我提升到符合天行的境界。或者，被稱作墨家的則是唯一建構了一套知識理論而不關注「道」的學派，不過他們提出的異議只被局部保留下來；墨家確實發展出一套「兼愛」的社會思想，然而這「兼愛」卻沒有「他者思維」的支持；他們也提出更加個體化的「天志」思想，但是此思想卻沒有任何啟示故事作為依據。此處難道沒有某種融合了科學與宗教的思想形成（近似在歐洲極為發展的思想），但它在中國很快就流產了？事實上，公元三世紀之後宗教思想才在中國重新興盛，

---

207. 同上，〈知北遊〉。

不過這一次是來自印度，而且承載它的不是神思想而是現象幻覺（即萬物皆空）的思想，並強調人內在的解放。最後還有一種可能性，也許是最有生產力，就是倒轉問題和詭辯的推理，並使兩者混淆：這既可通過提問的人之語言遊戲的陷阱來捕捉他們而使其措手不及，並把他們的論點帶回到和諧的混淆狀態，亦即回到虛空裡，對立的事物於此交會對應。《莊子》就是如此令人著迷的作品。

「讓我們嘗試」第一開端或「開始」這個無止境地往後回溯的假設，此假設可以上溯到神以作為終點（萊比尼茲的主張），莊子倒是使該回溯最終枯竭了，他說：「有始也者」，隨後，就是說在它之前，「有未始有始也者」；在此之前，「有未始有夫未始有始也者」，等等[208]。這些句子反轉而無止盡地疊加，只會因它們的相對性而造成一個表達懷疑的結論：「天下莫大於秋毫之末，而大山為小」。我們會想超越沒有生產力的懷疑論，在穩定的大寫的存有裡尋找奠基的底部，就像古希臘人的存有本體論，此論又被用來支撐神學（參見亞里斯多德，從駁斥懷疑論的《Gamma》[209]到定義神的《Lambda》）。然而莊子採用了不同的步驟：不「奠基」（於存有這塊「真理」基座上面），而是（通過化解道內部的相關立場）掏空和清除。每一個假設就有其反假設，人們必須聽見（就是說用一方來跨越另一方的限制）它們更深層的「默契底蘊」，此底蘊乃與它們各自的立場保持距離，因而能使它們在根本的一致性裡相通。因為「分也者有不分也」，「辯也者有不辯也」，只要任由對峙的事物湧現就能消除它們。聖人能兼具兩者，在它們尚未分辨的

上游同等地懷抱它們；但是眾人辯之以相示也，即「辯也者有不見也」，由此產生偏頗。

　　神學乃憑靠存有本體論來建立的，除了在否定神學裡，存有本體論乃奠基在被界定的大寫的存有上面，也奠基在推理論證的話語能力上面。然而道思維更喜愛暗中的虛空，相反而對立的界定便在虛空裡撤回而消除了；道思想也挑戰使碎片化的表述語言，也縮減靜默的理解當中任何斷裂性質。它（道思想）沒有因為人沒說出超量的充滿（即神的超然）而不得不反省不可言喻的事物，從而被迫放棄發言。不過，不說出一切，反而就因後退而讓人得以聽見本空，對峙的事物於此就相等而和諧了。這也是為何該文接下來說：「大道不稱，大辯不言」，正如「道昭而不道，言辯而不及」。誰得到這種能力就到達「天府」：當然不再是神所居住的天，而是天—自然，即所有的「然」之道。「注焉而不滿，酌焉而不竭」，也就是說，順著活物的一呼一吸之更迭而不受極端的吸引：「不知其所由來，此之謂葆光」。我們要遠避光照，因光以反差作用來孤立事物並使其凸顯為假象。我們要對抗歐洲哲學太出名的智力，這個智力是被哲學強調的重要機制，或更準確地說，沒被哲學質疑的成見。與其總想要攀登得更高（以達思想的高峰），我們倒不如走下來走進「幽谷」，或說走進元型，此處，那些於其湧現時就產生阻礙的斷裂會默默地消失。

------

208. 同上，〈齊物論〉。
209. Gamma 希臘字母當中的第三個，Lambda 則是第十一個字母。──譯註

這是為何世上確實有擴散或越出因而逃出了世界的侷限，但是擴散和越出都不會帶來另一個神身處的不可見的世界。聖人「遊方之外」[210]。《莊子》裡以反諷的手法呈現：孔子在一位跳脫了世界的連繫和義務的聖者的喪禮時，聖者的朋友反禮節而放肆地慶祝，孔子倒是自責犯了錯：「彼遊方之外者也，而丘遊方之內者也。內外不相及」。他想要派一位門生去合乎禮節地弔唁，這本身就是錯誤。因為該聖者過去非但活在社會習俗之外，甚且超出了（甚至打破了）所有的對峙，以生為「附贅」或「縣疣」，以死為「決疣潰癰」。隨著情況，「假於異物，託於同體」；他於是忘了各種器官的功能，遺棄感官的特別功用，甚至顛倒始終，直到不知端倪：

茫然彷徨乎塵垢之外，逍遙乎無為之業。

他卻懂得分辨「天」、「人」。此後清除了相反事物的對立並掏空了限制的「之外」，這就是躲開了世界及其界限的含糊之處，是除掉了束縛和關閉之處，因而開向無窮盡地促使通暢的多樣變化。但那不是另一種大能或另一個王國，不是一個「此世之外」的「國度」，如耶穌面對彼拉特（Marcus Pontius Pilatius, 26－36 任猶太行省羅馬長官）最後所召喚的國度。

上述的那位聖者把道通開展至無窮，《莊子》裡說「他與造物主同遊」[211]，我們質疑這句子時就會順便質疑某個造物主的能力。然而「並

行」、「與其同遊」[212]，就足以削弱每一個獨立的超然概念，因為這些句子說的是陪同。此外，該句子隨即被註解為「合氣於漠」：就是說，該創造同時也是轉化；所以再一次說的是永續更新之道，由此不斷地形成萬物。不論是呈現為被壓抑的宇宙創造的最終痕跡，或是巫起飛時期的回憶，此再現具有便利性，都與某種可能的神學擦身而過，換句話說，人類可利用的再現之想像庫存的確很有限。不過，更正面地來說，那倒是為了立即與神學岔開來。由於另一種可能性更適合，所以《莊子》沒打開神學上的可能性，神學的假設就沒有依據之地可容它奠基，《莊子》於是在永不枯竭的「過程性」裡稀釋並拆解了神。又或，「若有真宰」[213]，但不得其「眹」，這句話反倒不開向至上的神這個主題，而是懸著，猶豫不決、恍惚、省略的，既無憑靠也不延長。以至於我們無法確定那是宇宙的主宰還是我身體裡面的主宰。關於「神」的想法之殘留物便在這些邊緣裡枯竭而消逝，破碎直到瓦解。該想法因內容空虛而死，或說，它的空洞把它留在毫無用處狀態。人們甚至不需要趕走它。

---

210. 同上，〈大宗師〉。
211. 同上，〈大宗師〉；〈天下〉。
212. 同上，〈應帝王〉。
213. 同上，〈齊物論〉。

8

　　掏空道就是自我掏空，讓生氣得以通行；最先就是讓呼吸持續地到處流通，「直到足跟」[214]：

　　　　致虛極，守靜篤。[215]

　　清除就是拆掉內心一切的固念和爭執，使心擺脫任何既定的立場，亦即去除「成心」。同理，不是滿滿地，而是空空地，人「虛以待物」[216]。人聆聽時，「不再以耳」而是「以神」；不再以神，因這還執著於「心物相符」的邏輯（歐洲古典真理概念），而是以「氣」，就是「虛以待物」，人才能與外界存在物發生關係：但是不再以個別的、聚焦的、分段的方式，像思考能力所採用的，而是能順著過程展開，全面地並持續地，在它的演變及其無止境的拓展當中。「以至於日夜不間斷地與物為春」[217]，總是與物之興發同步。並且「接而生時於心」。聖者因掏空與清除而得以拓展，因開放與內在之虛而待物，他能無束縛地處理人事，任何時刻都能找到迎接每一個然的機會。此處確實有了「關聯」：與如其所是的天地之關聯，與多樣的生存（萬物）的關聯。有關聯但沒有遇見他者的「相遇」，此「相遇」使人不再泰然而具有悲劇性，就如基督教《聖經》裡人與神相遇時，人被推向不可約比的（l'incommensurable），並在與神的面對面裡感到驚慌失措。

〔基督教的〕神在相遇裡呼籲愛勝於畏懼和顫慄，道思維倒是挑戰「愛」[218]。因為愛可能是偏頗的開端，因而會失去持續湧現的時機；愛強調一方但捨掉另一方，直到固定下來；要問的是，「固戀」不會阻礙持續流通當中的「發生」嗎？道思維挑戰愛，因愛獨占並因此失去了調度宇宙的關聯關係。如是，「內在之虛」並非如人所以為的平庸，它倒是眾多「神祕主義」共享的底蘊。不過，該虛也往不同方向發展，而且這些不同方向互相打開了間距。「虛以待物」說出了跳脫種種既定的觀點，亦即必須擺脫人們關於神而作出的各種形象，這些形象事實上反而阻礙人遇見神。然而面對神的虛也可向另一種可能性敞開：此處的虛持續恍惚，並不是那種陪伴事物和時機無窮地更新的虛以待物（就此而言，中國人說：「擁抱虛」，但這仍然依戀它，這反而錯過了它）；而是出現了密集等候神在場的填滿（過度填滿）的可能性。然而他者（神）的在場倒是使不可能的（即與他者的相遇）稍微打開了而變得可能的（真的與他者相遇了），於是人（在他者／神面前）的自我掏空就更呼求填補該空處，（人內在）被挖深的空虛會激起欲望和憧憬（他者／神）[219]。十字架約翰（Jean de la Croix, 1542-1591）說：「神深入到空虛心靈，

---

214. 同上，〈大宗師〉。

215. 《老子》16。

216. 《莊子》〈人間世〉。

217. 同上，〈德充符〉。

218. 同上，〈齊物論〉。

219. 此句原文：Présence de l'Autre entrouvrant l'impossible : l'évidement appelle alors d'autant plus son rempliment, ce vide creusé par la privation provoque le désir et l'aspiration，本書乃依據作者的解釋翻譯。——譯註

以神聖寶藏填滿它」。「吩咐我們要愛神勝於愛其他所有的事物，這個愛的戒律只在一切被剝奪了而且精神上虛以待物才會完成」[220]。與〔道家〕「持續來臨的然」對立的是〔基督教〕「相遇之前所未聞的湧現」（Evénement de la rencontre）。西蒙·薇爾（Simone Weil, 1909-1943）熟讀十字架約翰之後則把虛移到人世間而說：「必須有一個含有虛的世界形象，以讓世人需要神。於此就得假設世上有惡」[221]。然而，惡在中國並不等於缺乏神，而是表示宇宙調節運行過程被堵塞了，所以中國人不呼求愛的勝利。因為由愛來填滿，只在信仰裡並通過信仰才可能。但是「相信」（croire）是一個奇特的動詞，我們現在發覺它並非自自然然如是：「相信」其實掩蓋了兩種相反的意涵，也許它只是一種畸形發展的想法。

220. 《愛的熾熱火焰》（La Vive flamme d'amour），第 3 段的評注。

221. 《西蒙·薇爾作品全集》，第二冊，《筆記》第五卷，頁 192，巴黎，加利瑪出版，1997。

九． 當（相）信沒被發展時

摩西或中華　Moïse ou la Chine

1

（相）信因它內部所交會的事物而至關重要。正是基督教的信與理性之間所拉開的張力促進了歐洲思想的發展：它們雙方互相宣戰，不斷地彼此挑釁，但也互相磨銳對方的能力，甚至在思想上亦如是（帕斯卡的想法）。在文明長期發展當中，信與理性也彼此交纏並互相憑靠；它們知己知彼而且默默地通過對方來自我理解，它們都是進步的伙伴。可是只有「（相）信」獨自建立「神」的可能性，歐洲思想就於其中發展到高潮：亦即只要我（相）信「神」存在，「神」於理性上就可能存在。正是這「（相）信」造就了「神」，而非我的知識，也非我的意願或權力。（相）信不僅與理性相反，它最先就與它自己相反（正如神這個例子），它沒說出該矛盾情況，但是它以最奇特的方式被撕裂。它從一種微弱意義逆轉成強烈意義，甚至最強的意義。在它尋常用法裡，（相）信只是一種次級知識，說出一個確認但委婉的意見，一種被低估的信念，只不過是假設的或近似的：例如，我相信天氣會好，或我相信這有一尺，等等。此刻相信沉浸在相對、傳說和不確定裡。它是卑微之詞，它摸索而且謹慎。然而如此一來（亦即把神用作相信的對象），「神」就在自身的命運裡與自己對立。

（相）信以神為對象時，頓然變得激烈，從而打開了最勢不兩立的鴻溝：「有相信天國的，有不信天國的」。此刻的（相）信是全面性的，

所以也是絕對的，以至於相信的對象不再是可能的客體（對象）：說出「我信」就夠了，不必說出「信什麼」。相信的「客體（對象）」因此顯得太龐大了，也太勢不兩立，而無法被說出來。這個詞本身此刻就說出全部，所以無法被解釋也不能被展開。「信」是唯一能說出一切，而且這一切越出了全部，同時也變成排斥性的：就是說，凡是「不被相信的」就被排除掉。然而，在歐洲，「神」正是這「越出」意義所帶來的結果和產品，因此排除了其他所有會與它競爭的可能性。因為「信」不僅是全然的，一開始就在所有的進步當中切斷了任何的相對性，還凸顯出一個不可約比性，亦即「我信」推倒了一切。「信」以最確認和最投入的方式說出人最深層的信念，可此信念卻從未被完全保證：即使在那些為之「見證」而「身亡」的人裡面，該信念仍保留某個令人懷疑的東西，因而使人暈眩。甚至基督在世上最後時刻說出的句子裡也帶著懷疑……相信激烈化到凌駕一切（在這點上，信與愛有共同命運）。然而在中國語文和思想裡，「信」卻仍然沒被闡明、沒被開發。在這個脈絡當中，（相）信最先就沒被隔離出來，它的意涵沒開創出任何自身特有的命運。（相）信在歐洲過度膨脹，它在中國則發展不良（？）。此是兩者之間最大化的間距。

「信」是最至關重要的字，在歐洲思想裡它也是最強大的結點：因為信把存有本體思維與他者思維連在一起。它把最清晰獨立的或最不相容的兩方連起來：一方面是「être」，這個肯定字詞之最佳代表，它是我們的語言裡一切字詞之下最微小的字，而且希臘思想乃憑靠「être」

架構起來的，並於其中建立真理；而另一方面是「神」，這個在所有的名稱之上命名他者的字，而且「神」沒有其他任何可能的名稱，但它卻賦予其他的名稱以價值。我「（相）信」「神」「存在」（je « crois » que « Dieu » « est »），這句子有三個要素，它基本上已包含了一切。在歐洲，哲學史的悲劇就是從這句話開始的，或說，該歷史的洗禮是用死亡進行的：蘇格拉底就是因那句話被定罪和處死。蘇格拉底因「只（相）信眾神存在」就被定罪，其餘的一切只不過是推托之詞和混淆耳目的手段而已。或說至少蘇格拉底想要把別人對他的指控拉回到那句話上面，以便使他的辯護更貼近根本。他以「我信」（nomizô νομίζω）這個單純字結束他的「辯護」論述。「我信」就是說我相信眾神存在，因而把「（相）信」放在歷史的開端。蘇格拉底堅持這句話，此句原則上是結論性的。他事先早就說明了該句子：「我自己相信眾神存在，我絕不是無神論者」[222]。這相信使獨特的主體負起個人責任，亦即透露「我自己」的個體性，並且他的立場早已由反對它的「無神論」明顯地反差呈現出來，因相信有神與無神論兩者「徹底地」互相排斥。如果說智士學派（普羅塔哥斯〔Protagos, 公元前 490－420〕為其代表）質疑眾神的存在，並暗中選擇從那件不可能有定論的事情抽身，蘇格拉底的死倒是使有神或無神這個問題變得會產生戲劇化的決定性之絕對尖銳的問題。

蘇格拉底被定罪這件事其實凸顯出「信」弔詭相連的兩種向度所帶來的問題：既是最私密的個人問題，同時又是十足的政治問題。然而，

---

222. 《蘇格拉底的辯護》（Apologie de Socrate），26c。

這個「結」在歐洲被拉緊之後卻花了很多時間才被解開；今天歐洲在終於解開了該結之後卻不知道要做什麼，因而萎縮了，不是嗎？直到最近之前，歐洲歷史乃圍繞著該矛盾或至少那個巨大的強迫而寫成的，甚至被孕育出來的。我們看到年老的柏拉圖於其晚期論著裡（《法律篇》十）把它作為道德與社會良好秩序的必要和充足條件：「相信」眾神，就是說相信他們「存在」，這成了城邦狀況良好的試金石。但有後面這個必然的結果：城邦有權察看我個人所相信的與神相關的事。其實柏拉圖確實早已瞥見現代人的危險，就是不相信越來越被呈現為理性上的進步：現代人認為，無神論滿足於用大自然或用藝術或用偶然來解釋一切，眾神只是人的習俗之產物（普羅迪克斯〔Prodicos, 公元前 465 - 395〕）；在「物理學家」的眼中，心靈只是最早的成分所組合的產物；而且「駁斥和驅除不信神」也是一項公共義務。有神論起動了兩千多年來「證明」的問題（tekmeria：要證明眾神存在，也要證明他們是「良善的」），以及用不道德之名義來控訴「不信神」，因此自由思想人士總被懷疑其個人行為不檢點。這種懷疑是出於一般常識以為人不是透過示範而是出於墮落才掉入不信神的邪惡裡（後來的帕斯卡還如此認為）；或者，人以為那只是年輕人所犯的惡，隨著年歲增長，激情逐漸消逝，習氣會修正，心思遭到訓斥，也因越來越靠近死亡，人將放棄大膽魯莽。

人裡面與「神」關聯的部分事實上是「靈魂」（psuché）。相信人有靈（是最初的而且不是組合的），這就是相信神：柏拉圖說：「凡是認為靈魂是萬物最初之本原的人，終其一生都相信有神」[223]。靈魂

與神的關聯就產生出「信」（« foi », 希臘文：pistis πίστις）概念，它來自說服並產生信仰（croyance）。然而柏拉圖此處再一次以平行的並矛盾的方式進行操作，但也因此給歐洲思想帶來有生產力的元型。柏拉圖在面對我們學到的知識時把信和信仰分開而且壓低信仰（pistis / mathesis πίστις / μάθησις），即使它們二者都要「說服」人（參看《高爾吉亞篇》，454 c-d）；柏拉圖也讚揚信的宏大和美，因其正是涉及了信仰眾神的載體：靈魂不死而且必須證明它，或者人只能期盼它（在《斐多篇》，70 a-b）。甚至在柏拉圖主張的上游，必須聽到恩培多克勒（Empédocle, 約公元前 490-430）的詩句通過充滿它們的張力（至少作為象徵性的，但極其廣大的）在思想上所開展的未來展望，而這是身為教會的好神父之克雷蒙（Clément, ?）不可能錯過的。他們已經簡扼指出建立在「故事（神話）」（« récits », muthoi）上面的信仰所造成的難題，一旦這些故事企圖自我建構為一場無法被論證宣告的真理：

如是，我知道真理就在故事當中
我將為你們敘述；但是，對人而言，
又難又嫉妒的是直指人心的說服欲望。[224]

更準確地說（字面義），該「信心飛騰」（pistios hormé）會做出「辛苦地奮鬥」，為了進入我們「心」裡並征服我們的心，也就是說，一起

---

223. 柏拉圖，《法律篇》，899c。
224. 恩培多克勒，《淨化》，法譯版頁 114。

征服（con-vaincre）我們的心。可是在新生的理性內部做出的抵抗卻迫使高揚的信心此刻不得不強置自己，而不是放棄？關於信仰，歐洲意識形態的巨大悲劇之經緯於是早已鋪成了。

2

一切同時登場：歐洲那場巨大悲劇場景上演了。但是遇到《聖經》傳統時，除了語言不同外，該場景也從根本上改變了。那之後確實必須花很多時間才能衡量其所造成的後果並闡明它。當然眾多概念已鑄成，論證也煉得爐火純精：「信」、「神」被絕對化了；命令式的「信」及其所含的矛盾和它所引起的論爭；「靈魂」不死及與之相關的道德爭論等等。為了承載製造「西方」意識形態之探險，而不僅僅是宗教探險，「（相）信」這個詞早就在巨大的張力當中。然而歐洲發現《聖經》的神也促使信仰發生了強烈變化，而且這個變革的裂縫效應（effets de fissuration）今天仍影響著我們的思想活動；我們反省那些裂縫效應想得夠透徹了嗎？希臘思想除了內部的分裂之外，還因《聖經》的神這個「外部」刺激而出現了二選一的情形：雅典或耶路撒冷、希臘人或猶太人，等等。在轉向信神的「信」裡有什麼深深地被震撼了？此後非但神不再是多數的而是單數的（在柏拉圖的論說當中早已有這情況），不僅

僅關於被純化的神（荷馬的借喻手法早已這麼作），甚且從此之後神是人要「遇見」的他者（及主人）；此刻信仰當中有什麼本能地改變了？當「信」是對某個人說出時，信的對象是「你」，此刻就不再只是「相信」（croire à）而是「深信不疑」（croire en）。如是，深信不疑的信之價值便深度地變化了。此刻，神是絕對獨樹一枝，不再有其他天意或必然的能量來與他競爭，「信」這個字也從根本上蛻變了，或說，它為自己打開了完全不同的未來。對神深信不疑就與一種歷史交織一起，該歷史從起初到末日、從創世到啟示錄，於信仰神當中找到義理：此信仰就是相信與神立下盟約的應許。它由話語宣告傳播並拓展為《聖經》敘事。

同樣的，從猶太教到基督教，就是說，神道成肉身並且基督被指定為信仰的仲介並為此死在十字架上，「信」這個字的內部有什麼深刻地改變？藉由基督，應許和宣告已經以某種方式兌現了；又，人對救恩的期待甚至交由神來呈現：神不僅向摩西顯現，還體現於人間的或說「成肉身」的耶穌，此刻，「信」這個字裡面什麼深深地改變了？當神不再是某個民族、某個種族的神，而是全人類的神，或當信仰不再用希伯來語文說出，而是以希臘文這個哲學語言說出，「信」這個字裡面有什麼深刻性的改變？信於是被分成「之前」與「之後」，即使之前在之後裡才被確認。在《出埃及記》裡，神必須使摩西的杖變成蛇，或用河水淹沒埃及大軍，以使他的子民「相信」他。然而《新約》福音呼叫人們相信完全不同的東西：耶穌戰勝死亡（保羅的說詞）。對理性而言，這是無法相信的，這甚至是挑釁。基督教深度地與希伯來教做出「去相合」

（「猶太—基督教」這說法其實是可疑的），基督教重新發現「信」具有一種人們先前不知道的可能性，一種它過去忽略的資源，此次，相信使它超越了思想的界限並使思想傾覆了。或說，如果信仰消失於愛裡，在所有的終點的終點，「信」自居為教條並且毫不妥協，它就相當於「愛」他者；這是相信最終唯一可能的內容嗎？「（相）信」的確是最奇特的字：不僅僅其覆蓋範圍廣泛無窮，它還吸收了歐洲思想的張力和發展。這個字最具彈性，最有變化性，但也最具排斥性。它最容易引起爭執，卻很可能旋即翻轉成最被大家同意的，不是嗎？當它變得越來越氣勢磅礴、襲人和變異時，它就轉向自身並再次分裂。

甚至在歐洲理性主義內部，信的確又在理性的某個上游和某個之外之間再次一分為二，並從兩邊去挑戰理性。這可是理性的重大未思之一，因為，一方面，信因它是最基本的所以是最常用的字，它在這個階段因此沒有任何對立的事物，信確實是一切經驗最分不開的字，也許是唯一先於我們的經驗的字；這正是我們在每一種經驗的形成條件裡不斷核對的事實。這個原始之「信」是人最早就有的同意或說主體的原始真理，先於謂語的並觸及立即可見的：例如，我「相信」我坐在桌子前正在寫作。理性只有擁有了這份相信才能建立邏輯關係以運作。同時，理性要回到相信以便反思它，隨後反而感到不自在和笨拙。證明：歐洲人在十八世紀為了靠近知識的基底所做出的努力：休謨（Hume, 1711－1776）說，該「信仰」最先是我們身體裡所擁有的，圍繞著我們的，而且我們只能視其為虛構的才得以對之提出懷疑（主體的真理也是笛卡

爾的「我思」所強調的條件）；它是相信「事實的原始真相」（萊比尼茲說的）。或是，雅克比（F. H. Jacobi, 1743－1819）在十八世紀末努力把「相信」主題化：「沒有相信」，沒有最低限地相信事物和地點，「我們就無法跨進門也不能吃飯或睡覺」。

　　如是，「相信」又再次一分為二，甚至裂成大洞：在理智的之前與之後之間、在相信我眼下所見的與相信神之間。我們會問，是相信這個字本能地缺乏一致性，或是理性武斷地介入相信裡並干涉它。因為我們都知道，理性的天生瑕疵是，理性也許除了存在之外什麼都能闡明。確信世界存在，這份原始的肯定乃在一切質疑的上游，所以只會來自「信仰」：我相信世界如其所是地存在並且我屬於世界（這是胡塞爾對前哲學態度 [225] 的描述，就是在現象學的歸納之前）。這樣的信仰對我們立身於世上而言是，事先像「動物性的信心」或像因視覺感知而取得的：這是「自然人」共有的信心，也是哲學家共享的信心，只要哲學家打開眼睛（梅洛龐蒂在《可見的與不可見的》開篇裡所說的）。與之對峙的另一端是相信「啟示」，然而理性企圖自我引進，甚至在兩者當中自居主位。第一種本能性的相信是默默無聲的，另一種則是相信「話語」。前者指出我們融入一個環境，後者則指出我們皈依神。前者位於主體和客體分開的上游，後者指定神為「偉大客體」或第一主體（« grand Objet » ou Sujet premier）。前者相信可感覺的明顯事物，後者相信不

───────

225. 據作者的解釋，此處的「l'attitude pré-philosophique」指的是「在啟動哲學思辨之前」的態度。——譯註

可見的。雅克比說，前者「受制於自然」，後者則是「聖書的教訓」。前者不容置疑，後者則極其不確定或甚至不可能。由此，如果前者被當作最天真和諧的，後者則被當作最前所未聞的也是最令人對之愛恨分明的。但是「信神」不也自以為放諸四海皆準嗎？

　　該分裂依然迴蕩不已而且更加嚴重。相信聖書裡的神，這與融入自然的相信完全對立，因它信的是一個超自然的神，它在教會史當中甚至又分裂成兩個新對峙。一方面，人們不計代價地要拉近信仰與理性，使它們互相闡明，結合「自然光」（la lumière naturelle，即常用的「自明」）和「啟示光」（la lumière révélée，即來自神的啟示），使信仰得以被人理解：亦即「用理性的手法來捍衛基督教的諸多真理，以此來攻擊它們（理性的手法）」（聖文德〔Bonaventure, 1221－1274〕）。在這方面，神學以第三人稱來處理神，從此發展興盛。而另一方面則是保羅的立場，當他說出「我們只需要相信」時，此宣稱反而是「引起公憤的議論」。後來的馬丁路德（Matin Luther）也高舉唯有相信：「相信一個會死的人復活了，並得以永生」；任何「推理」都無法抵達這個境界（金口約翰〔Jean Chrysostome, ?-407〕）。必須斬斷所有想要藉由哲學的理性原則以為《聖經》做出解釋的企圖，因為甚至就在理性的本性裡想要從神解放出來，亦即相信必須遶過知識樹而引人到生命樹，人的墮落就是來自分辨善惡的知識樹，不是嗎？

　　歐洲思想受到該「（相）信」的衝擊而不再控制得了自己，任由自

己被拉進何樣既奇特又令人迷惑的深淵？「啟示」使被卡住的矛盾一下子解鎖了：「神子被釘十字架上，正因為這令人羞恥，所以它不羞恥；神子死了，正因為這荒謬愚蠢，所以它更可信」…… 又或，（那是）以更微妙的方式形成的，正因為那是不可能的，所以它才是確定的。（相）信在理性自我折磨的深淵裡生出了理性挑戰困境的力量，相信因此清除掉輕信而自我深化成恐懼與狂喜。自此之後，（相）信自以為是普世的，使所有的人在反抗「自然信仰」並嚴格要求不受拘束之面前都是平等的，不管任何文化或時代或性別或社會條件（保羅說：「非希臘人非猶太人……」）。帕斯卡確實相當悲壯地企圖在該兩者之間提出一條「中間路線」（un entre-deux）：我們的宗教既「瘋狂」（folle）又「明智」（sage）[226]，它「不與理性對峙」[227]，理性則為信仰鋪路。然而帕斯卡想要使瘋狂與理性和解，反而仍然玩弄著矛盾（悲慘／偉大，等等），持續地為了解開矛盾而封閉矛盾。人們經常問，《思想錄》有一天可能成為一本書嗎？或者那些思想語錄的命運正是不得不留在片段狀態，它們在思想如此精細階段不可能有貫通性，不是嗎？歐洲思想與信仰分裂，落入何樣的偏差裡？掉進何種「分裂」裡？而此分裂具有生產力。這種「分裂」不是心理學的，而是變成有建設性並有發展前景，因為它的結構揭示人的最深處，甚至推動人。

---

226. 《思想錄》，第 588 條。
227. 同上，第 187 條。

3

然而思想上被「（相）信」一詞所拉緊的悲劇場景，在中國卻沒發展開來。中國文人思想把天想成宇宙之自然運行，並沒使信仰與知識對峙；中國文人思想發展出整體性「道理」，避免了任何經驗斷層，或在種種存在狀況之間避免任何「跳躍」。基督教使人存在的矛盾更為激烈地深化某個缺乏而導致絕望，隨後就更迫切地呼籲人要信神以得救。道家思想乃致力化解矛盾，指出它們的假象，從而凸顯出「然」的自然性並迎接「然」之來臨。此外，中國思想並沒賦予與神相關聯的「靈魂」一種分別獨立的地位，而是給靈魂留下了多個模糊觀念，但不進行個別化，只強調靈魂「使生動」及其能影響的能力。這是因為道家思想沒把「信」一詞從整體的經驗抽離出來，沒在「信」裡打開任何對立也沒打開任何無窮的期待，道家思想不曾有過具有生產力的痛苦張力，而這種張力就在信這個字裡把「西方」往前推進。中國思想裡所有的學派都持續地思考「和」（harmonie），從未進行「悲劇化」。但是「沒有」是不夠的，還必須說出中國思想裡的「信」強調哪種義理。

中文的「信」由兩個象形字「人」和「言」組成的（由口說出之言），我們經常把「信」法譯成「誠懇（誠實）」（être sincère），這麼翻譯乃符合我們理論上的期待而把它同化了。可是「信」並不意謂誠實（sincérité），即毫無掩飾地直接說出內心深處真實的想法和感覺——

這麼做不會顯得冒失甚至有點魯莽嗎？中文的「信」乃意謂人與人彼此信任之關係，而且是經過時間的考驗而建立的：信的原則不是說出自己所思的，而是言出必行。重點絕對在於「言必行」[228]。所有的中國思想流派都同意「言必行」這個要求。子曰：聽其言，觀其行[229]；如果我們贏得別人的信任，別人就依靠我們（「信則人任」[230]）。信任是一個好政府的基礎，比武器和民生資源還重要[231]。因為信任的座右銘是：「言顧行，行顧言。」[232]《莊子》裡說：「無行則不信。」[233]信任（confiance）其實是結果而已。

這是為何孟子說，信任來自內在之圓滿[234]：信任來自我們內在擁有的真實能力；我們無法要求信任，更不能強迫信任。還有，誠實原則上是任何時刻對所有的人做出的要求，而信任則是友誼最珍惜的美德，同時信任也是時間累積的成果。因為信任乃隨著時日而生，就在近旁並且經常接觸，以及「互相切磋」[235]。以至於人與人之間的關係逐漸地被信任，慢慢地累積，人們不再對之有疑心。我們不能把信任當作目的，

---

228. 《論語》〈子路〉20。
229. 同上，〈公冶長〉10。
230. 同上，〈陽貨〉6。
231. 同上，〈顏淵〉7；請參考古代觀念「服」，《詩經》235〈文王〉；243〈下武〉。
232. 《中庸》13。
233. 《莊子》〈盜跖〉。
234. 《孟子》〈盡心下〉25。
235. 《莊子》〈人間世〉。

不能把信任當作義務[236]。信任不自我宣告。它自自然然漸漸地在人不知不覺當中生於自身而成為結果：信任是內在性之經歷發展過程的產物。這就是為何我不必一開始就信任你，若是如此，這可能是免費的並且武斷的；我甚至不必提起信任。然後，當信任自己形成了，說我信任你，強調信任，這可能已經削弱了信任——就是說，話語對兩邊都有害。

　　中文裡「信」並不意謂說出個人心裡所想所感的，而意謂「不言而信」[237]這個古代中國一切思想派別共享的句子所形成的中國思想之默契。「不言而信」可以讀作結果也可以讀作讓步。信任不需要話語，信任甚至因為不需要說出來，就自行流露。我們在《莊子》裡看到信任的場景和例子[238]。魏國有一個醜得叫人害怕的人，大家就叫他醜人。可是男人們無法不理他，女人們夢想著要做他的妾勝於做其他人合法的妻。他在魏文侯身旁留了一個月，魏文侯久久想念他；魏文侯「信任他」，佐證：魏文侯甚至想把他的寶座讓給醜人，但是醜人最終辭謝了。這份信任並不由任何可隔離出來和可識別的表達方式展露，也不在行動或言語裡展露：該信任屬於含蓄的波動或影響，氛圍式地模模糊糊地持續地從一方流到另一方，但人們甚至沒察覺到；信任逐漸建立而沉澱，隨著雙方的同意已不再讓人不安而益加鞏固。我們了解信任不再需要有啟動的日期，也不需要達成的同意，沒有「契約」要簽訂，不必「信而不期」[239]。信任沒有任何特殊之處或說信任沒有「存有本體」。可是信任在人與人「之間」不停地延展和加強、運作並累積資本，因而變得越來越實在。直到最終自自然然確實存在，沒有人會覺得驚訝。

與此對比之下，誠實（sincérité）於是顯為一個獨特的文化觀念，希臘人的觀念，特別是基督教的觀念，其根本上與神相連。這就是「宙斯之眼」（早已出現在赫西奧德〔Hésiode, 公元前八至七世紀〕的作品裡）。神觀看人心，直到人內心最深處：「眼睛在墳墓裡而看著該隱」。奧古斯丁說，絕對禁止說謊，因為說謊總是冒犯神並背叛神。中國最早的文本裡有時候把上帝說成像一個監察的審級，要求人對上帝不要有「二心」：就是說不要「表裡不一」，但不明確說出與話語的關係。（儒經）呼籲要「反省，慎其獨」[240]，此反省關乎的不是話語的真實性，而是行為是否偏行。如果我們任由此偏行發展，它肯定導致邪惡。誠實是一種強迫，是意志做出的努力；信任則是由人所投入的情境流露出來的內在性效果。信任隨著時間而為人信靠，它甚至來自人的行為發展過程，信任就被理解為「可靠」（fiabilité）。這最先說的是「道」，《莊子》裡說：「夫道有情有信」[241]。也就是說，「道」（le tao）因其「道」（sa « voie »）通而可靠：可靠甚至來自通暢，不管是人際關係或關於「道」。這是為何我們不必「相信」天行的天（天永不停止的運行在我們眼下長久地無限地伸展），也不必「相信」道（tao）。那麼，我們事實上要相信「道」（voie）什麼呢？此道的「掏空」狀態任由穿越，不停地讓

---

236. 《孟子》〈離婁下〉11；請參考朱熹的評註。

237. 《中庸》33；《周易》〈繫辭上〉12；《莊子》〈田子方〉；《禮記》〈表記〉，頁480。

238. 《莊子》〈德充符〉。

239. 同上，〈刻意〉。

240. 《論語》〈學而〉4；《中庸》1。

241. 《莊子》〈大宗師〉。

效果自成並十足發揮作用。

4

　　如果說道在本質上也涉及人內心成熟的信任，（相）信神還加上了我一主體（moi-sujet）所決定的投入。對神的（相）信屬於行為（信德行為）而非來自情況的發展過程，而且要聲明（發表宗教信仰聲明）。天天都必得在禱告裡重複聲明信神，這信與神的應許和人的希望有關。它如此深刻，或更準確地說，它就越深刻；信心如果不受懷疑考驗，也會越受到一種不安和不足的感覺磨煉，信心本身就越來越有深度。懷疑使信心緊湊而拓展，使信心具有生產力和戲劇性；懷疑之後便無窮地提升我一主體的主體性，此主體性通過伸向「神」的張力來對自己揭露自身。然而在《聖經》發展過程當中，當神道成肉身時，對人信「神」的要求越來越嚴格。就是必須「深信他」是身在眾人當中的神而且「（相）信」他已不在場的臨在（指耶穌已升天而無所不知）。「（相）信」是已永久留存的「真實的」敘事，福音書最後的字就是「（相）信」。《約翰福音》（第 20 章末）裡耶穌離世前最後的話是：「停止不信，要相信」（希臘原文：mê ginou apistos, alla pistos）。《老子》裡說道為聖則「萬物莫不尊道而貴德」；道之虛並非不在場，或說虛乃道之反，既

然在場與不在場的對立在道恍惚裡自行消除了。同理，道之微乃在可見的門檻，與「不可見的」所隱含的斷裂毫無關係。這是為何道不要求信仰，道內在性之德以拒絕任何超越來自我肯定：

生而不有，為而不恃，長而不宰。[242]

道的特性就是以隱而成，它並不把效應歸功於自己，以輔萬物之「自然」[243]。道的效能是內在「過程性」的，自此生出自然興發或自行來到之「然」。我們可以讚揚自然的能力，但不必要「信」自然。

「信」在古代中國也侷限於社會上有關意見或基本認同共同享有的意涵。像《莊子》開篇之處所提及的性質極其精純的生物，肌膚若冰雪，不食五穀，吸風飲露，乘雲氣，此刻信被置於緊張之下：「吾以是狂而不信」[244]。同樣的，莊子與髑髏對談：髑髏認為「死，無君於上，無臣於下，亦無四時之事，從然以天地為春秋，雖南面王樂，不能過也」。莊子卻不信而且顯得反諷[245]。我們於是看得很清楚，長壽所衍生的（無窮？）問題，甚至在彼世的生活之問題，開始引發相信或懷疑，但強調前者。佐證：在《老子》和《莊子》重新被尊崇並被評註的時代，當道家大詩人嵇康聽見使人長壽之植物的傳聞時，他說「我相信。」[246]

---

242. 《孟子》〈離婁下〉11；請參考朱熹的評註。

243. 同上，64。

244. 《莊子》〈逍遙遊〉。

245. 同上，〈至樂〉。

因為當時（公元三世紀）中華帝國的統一性瓦解了，讓人們在政治上稍稍有了某種解放。來自印度的佛教此時也開始進入文人圈子，他們比從前更關注個人命運，也熱衷於有關事物原則和玄學的哲思交流：於此，「長生」能從佛教的重生概念出發而被重新詮釋為「不死」。信與不信的宗教問題隨著佛教傳授，由於該問題是否為真的重要性而終於走進了辯論場域。但是從外部傳入的佛教信仰卻也激起受過佛教教義洗禮的中國人的抵抗。「雖然我們必須信」佛祖的教導乃為了我們自身之得救，儒生回應一位從龜茲來的夫子說：有關重生解放出來的人的未來狀況，對佛的理會難道不該來自「貫通性原則」（公元五世紀初慧遠〔334－416〕 與鳩摩羅什 〔Kumarajiva, 344－413〕 之間的閒談裡的阿羅漢〔Arhat〕）。又或，「（相）信」佛教教義說我們的業的賞賜乃在遙遠的將來才發生，或相信我們目前的生活，即使曇花一現，所帶來的後果將持續到世界末日（王謐與桓玄之間的交談[247]），這叫人難以相信吧？

5

我們此時看到中華文化圈有了一種「信仰」但沒因此與神觀相連。反倒是有關「空」的思維成了銜接中華和印度文明的橋樑，從而讓來自

印度（中國人最早的「西方」）的佛教教導得以在中國傳播其影響；這個傳播確實經由早期的誤解推進的，不過人們在穿越其中的指鹿為馬的過程當中卻也打開了一條開向了解的道路。「佛」是一個人在他過去的生活經歷裡一路慢慢地擺脫了欲望及一切昏暗以成「悟」，佛教的「信」（sraddha，中文譯作「信」）是對佛教教導（dharma）的真理做出開悟的同意。由此產生了「宗教」觀念，這個用詞倒是偏離了先前極其重要的對「祖宗」的敬拜之涵義。公元六世紀用中文撰寫的《大乘起信論》（作者不確定）對東亞影響極大，它詳細定義了「信」的類型以及培養這些類型的方式。「信根本」以「真如」為信的根本及一切探索的目的，所以是「如」的原則；「空」則是任何污穢和任何可辨識的表徵[248]。「如」是佛的本性，成了直覺的最終對象。「如」在中國思想裡此後就有了絕對真相的地位，並緊緊地密封於其中。信從此之後自成體系，甚至因此具有排他性，排斥：疑、惑和不信、褻瀆神明者和道德敗壞者、傲慢者或懶惰者。論證事實上到處都一樣（譬如帕斯卡）：若沒有信，這是因為我們沒有殷勤地尋找信。

在這之前，中國思想總是避免任何明確固定下來的說法，避免任何固定的立場，不停地任其多樣變化以維持思想虛以待物而不萎縮；隨著佛教思想的傳播，教理從此強加給人。一旦「如」被建構為真理，然

---

246. 嵇康，致慎道信札。

247. 許理和（E. Zürcher），《佛教征服中國》（The Buddhist Conquest of China），頁 228, 234，Sinica Leidensia, Brill, Leiden, Volume 11, 1959。

248.《大乘起信論》，Frédéric Girard 版本，Keio University Press，2004。

就被獨斷化；然之信就產生宣教鼓吹，被人在教理信條裡宣講。信條確定不變，信的方式被固定下來，信仰就凝固為正統。此後必須「求正信」[249]以維護信。隨之而來的是，佛教裡出現了多個宗派，就如在任何被信奉的宗教裡，例如「只紀念阿彌陀佛」等等。從而產生「開除出教」致命地拋棄並威脅不信者（如西蒙・薇爾關於基督教所說過的），「若有人褻瀆《大乘起信論》而且不信，他所得到的將是最重的懲罰，並且持續很久」。從而呼籲要有「純信」，並應許得救和樂園。中國和其他地方都一樣，在制度裡，人與信仰的親密感一去不回；信念於是逆轉成風俗習慣。

這就是為何中文和中國思想深受佛教的影響，同時也深深地轉化佛教，以至於從佛教教導產生出禪宗，反諷地把信徒從佛經的一堆教條裡解放出來，既從佛教無休止的辯論也從其吹毛求疵的義理裡解放出來，因而揭發便利的盲信。禪不信任何說詞並竭盡其力地去除義理教條。禪於頓悟中得到尚未興盛之「如」，在最平常的話語和姿態當中順其然，如是，有策略地撥開並解除了任何有關真實性的迷霧。最先就是論述因其環環相扣及其抽象運作而阻礙人獲取「如」；從而阻礙人悟解「佛性」，而不是使人成「佛」。禪提倡的「如」乃獲益於中國古代「活語」或非論述傳統，例如孔子的「微言」，讓人尋找其中意涵；或如《老子》的「言無言」，指的是荒唐之言；又如《莊子》裡的「卮言」注而不滿、傾而不竭，所以容許無止境地進進出出。[250] 禪宗的「禪」拆解了對宗教信仰的信，清洗掉它對宗教教義的附屬。

6

　　信的本性就是悲劇性地使「信」或不信之二選一成為根本性的，使信變成最基本的，並把信變成指令。按照我們肯定地選擇信或不信，一切就隨之完全改變；帕斯卡說：「在此選擇上，那可是涉及一切，我們的一切」[251]。我們「只有看到這點而調整我們的步驟」[252]，才能踏出最微小的步伐。然而《莊子》和禪所提出的「去除提問」（dé-questionnement）（而不是提問）的能力正是化解掉該指令性的觀點（信或者不信），把被固定的相反立場壓入它們的偏見裡：就是說，使每一種二選一的兩項在根本上是相當的，此相當狀態便使相反的事物在使「暢通的」統一之「道」裡交通。又或，有關生存的困境，《莊子》使它消納於接受一切之等齊能力，一旦人們看到了共有的原始底部：「得失」、「往返」、「死生」都是等齊的。與之相反的，信奉基督教的哲人帕斯卡為了促使人轉而信教，就戲劇性地使生存困境更加劇；他說：有關該問題，最後的問題或更準確地說，唯一的問題，是關乎我們及我們永生的問題，任何「忽略」都是「極其可怕的」[253]。因為我們針對「自然的」能找到什麼合理性呢？我的身高，我的壽命：「大自然為何給我

---

249. 同上，頁 165。

250. 請參考朱利安的《曲而中》（François Jullien, Le Détour et l'accès [已有中文譯本：《迂回与进入》, 1998]），第 9, 12 和 13 章，Grasset 出版，1995。

251. 《思想錄》第 226 條。

252. 同上，第 194 條。

253. 同上，第 394 條。

如是的條件？」[254] 人們在自然秩序裡找不到「緣由」，只有在神及其恩惠裡找得到。莊子和禪也把我們帶進「如是的」偶發事件裡，使我們在自然事件裡與它的內在性處於同一水平。他們隨後讓我們理解，只有放下那個悲劇性的問題（這問題因它的武斷性而成了命令式的、如此突出的、如此迫切的），就是實際上「忽略」該問題，讓它返回到沉默裡，讓它理論上的「腫瘤」及其病態語氣瘩掉，也就是說，使那個觸及生活的迫切專橫的「為什麼」自行拆解；只有這麼做時，我們才能通過默契而獲得確實理解生活（生命）的能力。

　　然而，如果必須「信」的話，那就應該說出信什麼。帕斯卡的優點在於他說出了信什麼，但沒使它和緩，沒減少該內容裡面那轉進放肆的過分誇張。否則，相信會變成表示軟弱。因為在世界之初不是「信」把某位神放在人類之上；理由並不驚人，因為那時「信」是有用的假設，至少它不會叫人尷尬。然而想像「基督教僅僅是崇拜一位永遠偉大之大能的神」，這正好「褻瀆」基督教：因為這正是「有神論」，事實上與無神論沒什麼差別[255]。讀了去中國的傳教士的通信之後，我們還看到，上述的基督教神觀反倒符合中國文人之傳統觀念，他們以為在該基督教神觀裡重新找到他們遠古的神的足跡[256]。然而「信」只有反抗上述那個疲弱的概念或抗拒膚淺地接受該概念才有價值。只有「不能信的」才會有真正的「信」：不能信的指的是神道成肉身為神子而被人蔑視並為拯救人而死。信唯有使人聽見「前所未聞」（l'inouï）才有價值。由此，帕斯卡同意說，有關基督教，不確定此教如是，但「也不肯定該教不如

是」[257]。「信」由此還是一種挑戰，一個「賭注」，跟所有的賭注一樣地有風險：帕斯卡的努力乃要框架賭注不可避免的必然風險（他身為幾何學家所犯的錯誤，換句話說，他要把生活縮減為一個問題的已知內容）。然而，中國人的「暢通」之「貫通道理（即內在理路）」讓人聽見的是，它來自過程並逐漸帶來可靠，該貫通道理就不需要脫離內在性的確認經驗，所以也不需要冒風險：任何的「賭注」於是化解掉了。不過，這麼做，主體大膽的主動性不也喪失了？在他放棄主體冒險的自由時，相信「不可能的是有可能的」之自由自主能力，難道沒被誤解？

我們再次反思中國思想如何成為一種倫理思維，我們就看到信仰如何因其嚴格要求而挑戰倫理。中國思想因它在社會層面賦予行為規範以重要性，其倫理性因此更勝於道德層面上的「禮」，亦即人對行為中最微小的偏差於內心做出自我省察，以便持續地符合倫理要求。道家取笑儒家尚禮，譏諷風俗習慣之短視，並呼籲用古怪的行徑去越出它們。即使如此，道家有一個門檻絕不跨越，他們甚至沒想過要跨越：那就是，有一天早上，亞伯拉罕應神的命令，向摩利亞山走去，舉起手上的刀朝向他老年才生的心愛兒子以撒。光亮閃閃的刀還在他的手中，「他信」（il crut）；亞伯拉罕信神，不是為了來生，而是為了此生之喜悅；他信神不會要求他犧牲以撒。他也因此比從前更喜樂地接受以撒[258]。亞

254. 同上，第 208 條。
255. 同上，第 556 條。
256. 請參考 Parennin 神父 1724 年 4 月 20 日的信件。
257. 《思想錄》，第 234 條。
258. 齊克果，《畏懼與顫抖》。

伯拉罕此刻所證明的並非遵命也非逆來順受，而是「信仰」令人難以相信之處。齊克果承認說，從倫理的角度來說，亞伯拉罕的舉動超乎尋常。但是倫理的理由（壓縮而讓人安心的理由）不是去超越而是要拋棄，為了生活（齊克果的原文：justus ex fide vivit〔義人為信仰而活〕）。然而《約伯記》當中被倫理提出的「你必須」裡，我們聽得越來越清楚，這句出現多次的話語「空響」著。齊克果承認說，假如倫理（即「你必須」）是對的，信就沒了；這是為何信使倫理「懸」了。如果說亞伯拉罕是信之父，就如摩西是律法之父，這是因為他「沒用他的禱告去打擾天」，而是直到最後，直到即將殺子的那一剎那，他仍相信神。唯有徹底的信，與「絕對的神」的絕對關係才能拯救信，才能發現存在當中另一個不同於倫理的向度。就是說，當倫理的一切可能性結束時，另一個可能性就開啓了。

7

中國思想因為沒想過另一個可能性──一個不可能的可能性──，所以它沒發展宗教之信。中國思想不會因「可能的」（possible）感到不安，而是於其內在性裡闡明「可能的」。莊子說道的自行展開乃「可乎可」，「然於然」[259]，因為「物固有所然，物固有所可」。有「可」

　摩西或中華　Moïse ou la Chine

和「不可」,「道通爲一」。孔子自我定義爲向所有的「可」敞開,說:「無可無不可」[260]。他行爲舉止適時以符合當下之可,總是善意地順機行事——這就是使孔子有智慧的虛以待物。然而基督教逆轉這些視野:對神而言,一切都是可能的,正是這點造就神。或說,對神而言,不可能的也是可能的;齊克果說:例如,爲了拯救世人,神成了人而死在十字架上;或如,人能死裡復活,這是民間所說的「奇蹟」。啓示的神所做的不僅使不矛盾原則崩盤,即不可能的是可能的;他也使自足的理性崩盤,理性與神並肩同行並補充他:他能使曾經存在的變得可能不會存在。因爲對神而言,沒有礙手礙腳的理性,或,只有相較於神的真理(路德反對萊比尼兹所捍衛的立場)。這是爲何亞伯拉罕要等候不可能的,而不是等候可能的,他「是所有人中最偉大的」(仍是齊克果的話語)。「信」反抗理性指揮的數不盡的「你不能」,也反抗倫理命令的「你應當」。「深信」不可能的,這與一切的逆來順受反向而行,表示相信沒有任何事情會跟先前的一樣:一個新的開端啓動了;世界能與它的現狀切斷;人類第一個清晨來到了。過去衰弱的力量,已知的情況,都不再禁錮人們了。相信一件前所未聞的突發事件,一場革命,會發生:有一天,突發的相遇事件頓然改變了一切。

不可能的可能性,這真是「荒謬」。齊克果寫道:「時間流逝,期盼變成荒謬可笑,亞伯拉罕卻深信不疑」。「他相信荒謬」。「因爲信

259.《莊子》〈齊物論〉。
260.《論語》〈微子〉8。

的動作必須常常以荒謬的方式做出來，然而重要的是，不失去已完成的世界而且要完整地贏得該世界。」[261] 確實，信不是推延，等待一份將來的補償或另一種生活：期盼就在眼前的當下並使當下「生動」（如此疲軟的詞，但是有其他別的詞可用嗎？），以至於打破了當下的生活條件並使當下開向前所未聞的事物。表達不可能的可能性，由此在語言裡留給矛盾一席之位，並在語言裡打破理性自我加冕的至高地位，換句話說，說出「荒謬」，而要做到這一切的唯一方式就是使用弔詭、悖論（paradoxe）。弔詭、悖論在語言裡製造一個暈眩，唯有它才說得出「信」。（齊克果繼續說：）「但是亞伯拉罕是所有人中最偉大的，因他的能量力道軟弱而偉大，因他的智慧暗藏瘋狂而偉大」。「要嘛，我們必須一筆劃掉亞伯拉罕的故事，要嘛，我們應該學會聽懂產生亞伯拉罕生命價值的前所未聞之弔詭、悖論帶給人的恐懼」。因為弔詭、悖論極其明顯地違背理性，揭發二律相背的合法性，戳破其中的一致性，它就讓人甚至在破裂當中看到了生的結構，然而我們對生的理解常常掩蔽了該結構以便確保自我安心。所以，假若信仰沒被推到極端以對自我做出嚴格要求並觸及個人私密，信仰就一文不值，只不過是膚淺的安慰罷了。基督教的可能性只有當它拓展到該極端地步才會展開。可是又舊又蠢的教會制度卻大大地背叛了它。

　　這個獨特的信仰邏輯脫離了被編碼的「邏輯」所排定的事物秩序，弔詭、悖論是信仰邏輯最喜歡的關鍵鑰匙；這把鑰匙或許也能打開其他的思想體系？特別是道家思想最愛弔詭的表述，因它拒絕留在相反對立

上面。更甚者，弔詭、悖論不就是人們共同稱為「神祕、玄」的思想用來敲破限制的工具，由此從推理運作裡解放出來嗎？

明道若昧；進道若退。[262]

我們在所謂的「奠基性的」《老子》話語裡沒看到弔詭、悖論，只看到「若」或說看似弔詭的句子。在這些句子裡，弔詭只是最初的表面，呼喚人要上溯到外露的出發點：亦即在對立的現階段，於其隱形的底部，效用必定能展開；但那不關乎使思想永遠分歧的確定結構。因為當經驗看似顛倒時，就必須在「過程」邏輯（即使還「微」不可見時）裡往其源頭回溯以順藤摸瓜，所以與話語能說出的明顯和確定的邏輯反向而行：只有從效用的「空」處切入才能化解效用；從它的「掏空」出發才能使效用十足地發揮作用。既然明只有退隱才能彰顯其明，進時只有後退才能前進；明道若昧，進道若退。那些不下功夫以回到「道」效用的隱密源頭而只考慮事物最外顯的階段之人，當然無法理會老子的話因而「譏笑」他。這是為何《老子》說：「正言若反」[263]（或「反者道之動」[264]）；這些句子看起來與它們實際上說的相反，因為在形成和界定的階段，與其讓說出它們的句子在確定裡硬化而變得貧瘠，從而讓人得以勘察出來，倒不如在固定下來的狀態之上游說出看似相反的句子，即說出事物興盛的祕密原由乃在「隱退中」，位於可能成形的源頭。

---

261. 齊克果，《畏懼與顫抖》。
262. 《老子》41。
263. 同上，78。
264. 同上，40。

上德不德，是以有德；下德不失德，是以無德。[265]

聽到這幾句，我們來到矛盾的邊緣，卻不會轉進其中：只在邊緣看到效能內在性的含蓄邏輯時，由此帶來效用完成的可能性。因為我們所謂的「有德」之人，過分地在意美德也過度殷勤地做出美德（他「不離」德），他極其努力地注意行美德之事，以至於他錯過了使美德興發的要素。他不斷地做出看得見的美德姿態，他具有的美德是如此小心翼翼、小心眼的、辛勤勞作的，以至於他事實上並非有德之人。與之相反的，上德之人乃處於美德的實在源頭，所以不以行美德為目的，他的美德就大方大氣而永不竭盡。就是說，他的美德大大地涵蓋他出於美德的行為。此外，我們沒有特殊理由去特別（狹窄地）定義「有德者」。有德之人不在意美德不美德，不做出任何被認可的特殊的美德舉動，人們就看不出他的美德而以為他「不德」。如果道家思想不以弔詭去呼籲信仰，這是因為它不切斷人的經驗之內在理路，而是相反的，在更根本上去證明經驗之合理性。與其把人的經驗在它固定的階段平板地（用「是」什麼）說出，道家思想選擇從經驗的上游去闡明它，從它來臨的角度，在它漸漸發展的過程當中，以至於讓它獲得大度，所以具有經驗展開的全部過程。

8

　　不過，所有的思想不都也呼喚光明嗎？這點難道不是思想的必然條件嗎？有一天某地有人能否動搖光與思牢不可破的連結（宿命的連結嗎？）？光的性質隨著所投注的立場而有所不同。道思想做出一個巨大賭注，認為「道」只在「和其光」[266]或「葆光」[267]時才為人領會：以至於一切「同等地」被看到，而顯出其根本上的對等，所有的對峙於此消除了。但是這份不再聚焦的模糊之光卻不因此變得「幽暗」。它不是思想上失去一切指標的暗夜，人們於是失去盼望，此暗夜與理性的明光相反，因此放棄理性之後就可能接受信仰。路德（Martin Luther）說，深入到法律和理性都無法照明你的幽暗裡，這裡只有疑難般令人不解的「信」發出微弱的亮光。這種走進巨大深厚的幽暗裡的動作是必須的，為了在幽暗裡看見另一種光，此光甚至在種種矛盾當中透露出來。「謎」及其叫人感受到的暈眩，它挑釁、吸引人、叫人難過，又迫使人去尋找，這個關於基督教以及它的悲情之謎甚為歐洲思想喜愛。而「道」被說成「恍惚」，人們只能「強為之容」[268]；但是混合了所有的辨識的恍惚卻不必挑釁思想，恍惚反倒去除思想上的束縛，使思想鬆弛並使它從任何質疑裡解放出來。這就是為何「道」一點也不像謎般，它倒是解除了謎

---

265. 同上，38。
266. 同上，4。
267. 《莊子》〈齊物論〉。
268. 267. 《莊子》〈齊物論〉。

的威望，拆掉了謎的誘惑。

　　信仰說，知識乃爲有眾多永恆真理的意願服務的，而真理本性是憎惡生活；路德說：在最終的理性之下，人無法活。只有翻轉這個太過份保證的真理，信才能被理解，那太被保證的真理阻礙了另一個真理得勝：不再是被論證的真理，而是被見證的真理；不再是與物相符的真理，而是推動活生生的生之真理。不再是理論上之真理，而是人存在當中之真理；不再是中立、漠然無感之真理，而是被考驗並投身之真理。不再是客觀之真理，而是某個主體之主觀真理，在他自身裡、在他的自己的個體性裡：耶穌說：「我是道路、真理、生命」（《約翰福音》）。是故此信仰之思維無法在中國發展開來，正因爲中國人沒發覺真理有一個強而有力並要求嚴格之地位（他們也可以轉過身來反抗它）。中國人沒有實在的真理想法，沒有「存有本體」可以支撐它的建立。真理觀對他們而言因此不重要，他們在思想上不開展「探索真理」。說一個真理會左右思想流程，在中國人眼中，這顯得武斷且偏頗，他們就不感興趣。儒家和道家文本裡都說思想「近」、「至」，我們的翻譯裡爲了方便起見都加上我們語文裡所期待的「真理」，以作爲「近」、「至」之受詞和瞄準目標。《莊子》揭發「是非」之顛倒運作乃片面的；墨家所提出的「當」（adéquation）更關注知識和邏輯，但是找不到可安身的本體論土壤。每一種智慧立場都自以爲「中」（« centrale », « médiane »）而包含其他的，所以會從任何公開的立場也從任何提出的想法隱退。然而，如果不偏愛某一種思想立場，「信仰」如何得以在思想裡展開呢？

「假如這是真的」（« si c'est vrai »）這個問題主宰著基督教信仰之教導：是寓言還是啓示，是捏造的還是事實，是被發明的還是被證明的？卡爾・巴特（Karl Barth, 1886－1968）說：「在星期日上午的禮拜裡，深刻要緊的是，人們想聽神的話語，也就是說，他們想要人對他們說假如這是真的」[269]。然而該真之性質會是什麼：積極的或引申義、歷史的和（或）「類比的」和屬靈的？在中國自上古以來被文字所敍述的，絕不容真不真的問題引起不安和分裂：中國歷史敍事讀起來像「史、實、事」，即使在後來的歷史傳統眼中，該史實沒脫離某種「神話」，人們不必質疑該史實的真實性或事實性。等到佛教進入中國之後才慢慢地出現「想像」或「幻」；隨後出現了寓言和小說，作為獨立的文類，用俗語而不是文言寫成的[270]。關於上古早期君王的故事或關於后稷「因踏上帝王足跡」而受孕生出的[271]，沒人質問過（即使後來的傳統裡）人們應不應該「相信」那些故事，應不應該把它們「寓言化」，以及用什麼方式去做。在《路加福音》裡，一位不孕的母親同樣地以不尋常的方式生子，她卻呼求信神。（約翰出生時）對約翰的父親先知撒卡利亞（Zacharie）說：「你因不信我的話，將不能說話，時候到了，我的話會自行兌現」。相反地，（天使宣告耶穌誕生時）對瑪麗說：「有福的女人，你相信」（希臘原文：makaria hé pisteusasa[272]）。

---

269. 卡爾・巴特，《神語和人語》（*Parole de Dieu et parole humaine*），頁136-137，Pierre Maury 和 Auguste Lavanchy 的法譯版，« Je sers » 出版，1933。

270. 請參考朱利安，《經緯》（*La Chaîne et la trame*）〈想像的誕生〉（« Naissance de l'imagination »），頁 132 起，法國大學出版社（Presses Universitaires de France），2004。

271. 《詩經》245〈生民〉；參見上文第 6 章，腳註 129。

9

對文明史而言，其帶來的後果則充滿喧囂。把信仰建構為固定的真理，亦即把信建成教條式的信仰，就造成分裂、異端、開除教籍、以火燒死異議之人。以宗教真理為名義而發起的宗教戰爭過去不斷地撕裂宗教。然而，漫長的中國歷史都因沒有「宗教戰爭」而顯得獨特。九世紀時，中國的確發生過反佛事件，但是它們的起因是反抗外來影響而且主要出於政治和經濟因素。除了嚴格定下信條的佛教之外（不過禪宗倒是取消了那些信條），能否要求別人說出他「信」的是什麼，以至於他所信的教義問答要求他必需「誠信」？如果這是一個可能的話題，人自己知道他對此話題確實的想法嗎？這類的探求在日本比較容易做，我們知道大多數的日本人生時就是神道教徒（接近大自然），結婚時採用基督教方式（西式婚禮而且教堂提供了方便聚會的地方），死後的葬禮則是佛教儀式（放棄與和好）。人們稱這為「三教合一」（syncrétisme），可這種同意或綜述之詞不也用過於外在的方式說出了拒絕分裂和排他嗎？當歐洲人對今日的中國人提起人權時，我們得聽一聽他們的回答：「然而你們曾經多次發起導致很多人喪生的可怕宗教戰爭；我們受到的限制至少只是政治性的……」。中國人的「容忍」忽略了被豎立為強制的教條之信仰所含有的激情，卻因此吸引了殷盼從基督信仰解放出來的啟蒙時代的歐洲。

中文裡用什麼字詞來翻譯「Dieu」？這是最先該問的問題，但是放在書末才問，因為必須先處理上文中所展開的論述之後才能提出這個問題。中文裡出現的譯詞當中沒有一個得以勝出或獨領風頭。從前的傳教士找不到與之對等的中文用詞，就決定把它從〔拉丁文〕deus 音譯成「迪烏斯」。或者相反地，為了使該神觀融入中國思想之框架裡，他們用極其古老的「上帝」一詞來翻譯它。又或者，有人稱呼 Dieu 為「天主」，可這麼叫，只說出他是主宰的君主。又或者，有人把它譯成「神」（天主教的祭司就叫作「神父」，théologie 叫作神學）。但是「神」這個字就沒有獨一無二性，它抹去了個人與神的單獨關係，因而沖淡了神觀；也因此消除了 Dieu 之絕對性而使之消散。中文裡的「神」最早表示祖先之魂，取代靈牌「示」（象徵氣息），這個演變過程乃伴隨著「上帝」同化於「天—自然」的過程：亦即，古代有大能之人居於「之外」，首先就是死者，變成天空中有靈的成分。隨後，天地互相關聯，天空中的死者之神就與地獄之鬼對應。死亡因此被想成返回天的神以及回到地的鬼。「神」被用來指稱基督教之 Dieu，「神」這個字因此難以從一張廣泛的字義網裡獨立出來，其中有表達興發和使生動之義，同時表示呼氣、引邀、給予靈感等等。接在「神」上面，基督教之「Dieu」就有了一個使他失去獨特性之模糊附帶語義，讓人聽見瀰漫於宇宙的模糊，同時又脫離宇宙，反而無法把 Dieu 從世界隔離出來。

關於神存在之肯定說法於是消解於恍惚之「神」（esprit）觀裡，

---

272. 《路加福音》1 章 45 節。

因而加大了神觀的恍惚性；在神學裡，「存在」（existence）是神的第一謂語並且是其他的存在之必要條件：神「存在」表示（或說）神完美地存在。當孔子說祭神（首先是向死者之神獻祭）「如神在」[273]，我們於是知道，「如」就夠了。荀子說[274]，葬禮時，人們擺放祭物，澆酒，誦經，「如有人享用」，亦即實際享用的層面並沒被考慮，唯有擺出的行為才算數。因為進一步細說，說實在的，「神」觀（notion « d'esprit »）可能會引發流弊。孔子教人不要談它，而不是懷疑它[275]。孔子不語，怪、力、亂（必須棄絕）、神（超過我們能力範圍）[276]。他不探聽「隱晦」、隱藏的或神祕的。孔子不談這些事，因為他小心翼翼地不提及神怪之事。對他而言，不是不信而是不好奇，才有智慧。「敬鬼神而遠之」是妥協的措辭，意謂不可因人無法認識的事物而任由自己被抽離人的義務。或，如十一世紀偉大解經家程頤所說的，在中國，宗教「信仰」通過佛教而立，「若人過分信神，胡言；若人不信神，則無法敬拜神。」所以應該不真信也不完全不信。然而，對信仰而言，比不信還更具傷害力的是，被合法化的「兩者之間」（entre-deux légitimé）之立場，即「稍微」信之，不冷不熱地信，像某個中間：既非冷漠的拒絕也非熱情澎湃地贊同。這微弱或平庸的信，用信仰來自我保護的危險和不信的危險之外，這平庸的信極其有效地故意使信仰脫掉絕對性而殺掉信仰；亦即使信仰變成泛泛輿論意見，從而使它失去敏銳和投入。

當歐洲傳教士於十六至十八世紀登上中華大地時，正是中國人對鬼神不溫不熱的態度或不感興趣的反應使他們倉惶而不知所措。倒不是

無神論的批判，頑固拒絕神，若是的話，他們向來都被訓練要如何面對它們，因而在反駁方面變得強不可破——亦即用理智駁斥理智。不信（incroyance）只是信的負面，因而邏輯上位於信的背面；比不信還糟糕的則是冷漠、毫不在意（indifférence）：就是說，既不打擊信，也不考慮它，就是不給它任何位子，「忽略」它。傳教士們觀察得出結論是，要嘛，中國人民相信迷信所捏造的起因，而且自動隱晦地作爲「帶來福氣」來引發一種只會是世俗的利益。要嘛，中國人只有把基督教之崇高真理大致歸入儒士關於宇宙調節的主要成見裡，才對那些真理感興趣。但是他們「對有關永恆之事宜過分冷漠」[277]。中國人不停地對傳教士反覆說：我們並沒期待你來這裡；「當你們人不在中國時，中國什麼都不缺」[278]。這就是帕斯卡那句「摩西或中華？」二選一之句子所含的本義，是熱烘烘的鐵印，註明十八世紀之「可信的」既表示教條也表示令人暈眩的事物。一邊是能改變一切的信仰，由於它使人的存在有了意義。另一邊，因精微的過程思考能力（包含這些過程奧祕難測的向度，其內在理路就夠了）而對基督信仰不感興趣。中國人會問，爲何等待神的話語、基督教的偉大故事來「宣告」一場悲劇，此悲劇既叫人著迷也使人離開了可靠的具體經驗？這點正是歐洲現代性也確認的事情：就是，神「死了」，不是因爲與他同體的無神論而死去，而是死於冷漠，人的神觀逐漸在人的冷漠裡跌落了。然而這神觀怎能死亡呢？它可能死嗎？

273. 《論語》〈八佾〉12；參見上文第 1 章。

274. 《荀子》〈禮論〉末。　　　275. 《論語》〈先進〉11。

276. 同上，〈述而〉20。

277. 《沙瓦念可神父致勒荀卞神父之信函》，1701 年 12 月 30 日。

278. 《馬雅神父之信函》，1724 年 10 月 16 日。

十．神之「死」？

1

　　「神死了」這個最後的悖論，乃針對「西方」對「神」之正面性所展現的根深蒂固之熱情（亦即神既是生活也是思想之精髓）發出的；針對「神」這個字在意義上打開的破裂及其顯露；針對「神」這個字所引發的暈眩；針對「神」這個字內在出現的前所未聞之矛盾和悖論；人們過去能在悖論和倉惶失措之外、在「神死了」這個最後的悖論之外想像什麼嗎？如果「福音」是確定〔基督〕戰勝死亡之佳音，之後就不可能有另一個叫人更無法相信的佳音（神死了）。尼采《查拉圖斯特拉如是說》森林裡的老智者還不知道「神死了！」（dass Gott tot ist！[279]）。這是最極端的悖論，矛盾甚至就在謂語裡（死了）。既然自古希臘人以來，對神的定義之主要界定，亦即使「神」之所以為神的特性就是，他是「不死的」（希臘文：athanatos）：眾神們是不死的。而現在人們不再用反句來談神之死或者把神之死的可能性放在最後極限，神之死從而像已經發生並顯露的事情。由此「神死了」這句話因主宰它的難以令人相信之事而使基督信仰更難叫人相信，也因此把它壓倒了——我們還能加上什麼嗎？或者有什麼能超越它呢？在我們能想像的一切事物當中，「神死了」這件事的確是最具有顛覆性。在人滔滔不絕的話語裡，我們能想出一句比它更過分的嗎？不管贊成或反對，思想賴以建立的一切於

---

279. 尼采，《查拉圖斯特拉如是說》（Also sprach Zarathustra, Ainsi parlait Zarathoustra），第一章，前言，§2。

此頓然崩潰了：人對生活（生命）之順從乃繞著神觀而連結，所有的希望都連於其上，即使因其荒謬（non-sens，按：指相信基督從死裡復活了），它在一切意義之上游建立了大寫的意義；「西方」能在該崩潰當中倖存嗎？或者相反的，那〔神死了〕是喊得最大聲的悖論，是唯一被留下來的可能性？它表達最後必然結局，因神觀已發展到頂端，隨後則會枯竭，不是嗎？會發生在神這位「永恆者」身上的唯一可能性，難道不就是死去嗎？

神之死本身是不可能的，這本身絕不可能（其實就如「經歷過死」也不可能），但是它在人類歷史裡有故事記載並且比其他任何可能的事件更使人類歷史全然改變。或者，如果我們可以這麼說的話，神之死具有內在和外在之雙重性：（外在）神（基督）被人暴力殺死，（內在）隨後被人類歷史默默地殺死：不是被古老的無神論（與神同樣古老），而是「神觀」被人拋棄以至於沒人關注。身體之死豈非已經開啓了另一次死亡嗎？因爲基督確實在骷髏山上死去：他承受考驗，直到生命結束，其使命乃在確保勝過死亡。該肉體之死是對人的神觀做出的最後一擊或說給予神觀最後的力量。因爲在福音書的故事裡最重要的是，神之死徹徹底底是人之死。如果所有的福音故事，從一開始，從耶穌誕生以來就混合了神奇事情或說超自然的事情，那麼生爲人的神之死則絕對是人生自然之事：生爲人的神（耶穌）於其肉體上經歷死亡，他也肯定身爲人而在死亡裡經歷了死。死亡就在耶穌裡面最深處看見自己，揭示人最深處的個人之絕對獨特性而且這絕對獨特性是給予所有人的。此處，於其

全然純樸無華之中是它不可超越的或前所未聞的強大作用。假如蘇格拉底之死是一位智者之死，人們會說，基督之死乃是一位神之死，這是因為在基督的死裡也於最根本上揭示了推動「人之所以為人」的可能性，神之死打開了人的之外。

（在《馬可福音》裡）道成肉身之神面臨死，「頓然感到驚嚇」，對將要來臨的事情感到「不安」，四處圍繞著心靈的痛苦則淹沒了心靈。耶穌最後一次向父，向保護的父神哀求把死亡推離開他；可他同時也接受孤獨一人的考驗（當一切希望都失去時，「沒什麼可做的」），因為不管他的門徒們的善良意願，無一人能留在就要死去的他之身旁，無一人能勝任這件事（他的門徒們一一入睡），這具有啟發性。耶穌喊出的最後一句話就說出了最後的「拋棄」，他只能用他的母語說出來：Eloï, Eloï, lema sabakhtani（神啊，神啊，為何拋棄我）。此處最震撼人的是，該句話是由知道自己是神之人說出的，並且是他在人間所說出的最後一句話。這最後一句結束之語，此後絕不可能被超越，只能是對「他者／神」的指責：即便他自知是神子，他得離開世界、離開生命，單獨為之，一對一，獨自面對自己。即使他是「全能的」神之子，即使他應該被救助、被支持，他此刻唯一尚存的意識卻是「無依無靠」。這死因為純粹屬人的，所以確實是最人性的：亦即在人面臨死亡的焦慮裡，因基督之死而挖深一個新的深淵，即主體性，主體性的深挖使構成世界的事物出現裂痕，並永遠越出世界。

神觀於基督的死裡發現了並展開了人無窮的主體性，就是說人之內心深處，與感覺或感情已知的秩序不再有任何關係，神觀就被承載至極致並揭示在其能力之頂端。「神存在」是如此命令式的、是最思辨性的也是絕對肯定的，此句卻翻轉到「神死了」這句令人震驚無比的句子。耶穌死前喊出的最後一句承認（父）神在神裡面放棄神（子）。這個敘事既是最不可想像的，同時也是最樸素和最真實的──比任何人能寫出來的悲劇還悲壯。而這甚至發生在信仰神的內部並由信仰承載著。此外，這件敘事在歷史上是獨一無二的，人們能把它發展成象徵性的詮釋，成爲不同意涵甚至對立的意涵（如尼采的觀點）。這就是神觀在可思的事物之內部產生的意涵所蘊藏的永不竭盡的作用。父神容許其子死於十字架上，讓一個民族，猶太民族的神死去，以便因其死而被提升爲普世之人性。或說，子死於十字架上，便使其像憤怒的復仇之神的父（按：指的是《舊約》裡的神）用最不可信的犧牲（神子）之做法而變成無窮的「愛」（按：指《新約》裡的神）。由此，神死了這句最不可能的句子，便自顯有其內在必然性：道成肉身之神死了，就生出一個想要成爲神的人，孕育出絕對純粹人之未來（還是尼采提出的並成了我們現代人的座右銘）。因爲神最終死了，人最終是人了，人打斷了對神的最後服從而抵達（成爲）人自己。自古以來，必須所有的神，必須直到這個神犧牲其子以便拯救那些殺死其子的人們這樣不可能的故事發生，必須把神觀推到潰堤以便人最終能成爲「人」，變成「人」，取得了圓滿人性。唯有如此，〔歐洲〕「現代性」才可能發生。事實上，中國沒發展神觀，從未使中國本身的思想陷入危機，這倒是關閉了現代性得以

發生的可能性，也關掉了現代性所引發的悲情，不是嗎？中國甚至沒想到危機會孕育思想……

2

「神死了」是打開現代性的主要關鍵事件，與先前所有的時代，人類遠古難憶的過去斷開了，這意謂人類終於擺脫了人類祖傳下來的遭受神明監管的情形，開始確認自身的命運。人擺脫了神，這是更重要的事件，並且因事件本身含蓄漸進地發展，它就在更根本的層面上激起作用；這現象乃與猝然之死相反，由於人逐漸擺脫神但是不宣告，或只是事成之後才說，甚至人自己也沒意識到神死了。眾神的誕生總是在神話故事裡被人歌頌，神之死卻顯得幾近軼聞，甚至開始時沒被看到。然而那（神死了）之前卻是一段漫長的幽暗。現在頓然開啟了一個全新的「之後」，但是何樣的「之後」呢？神「死了」並沒改變事物的某個面貌，但是完全地改變了事物，又因該「死」很少被意識到，所以得以到處漫散，它就使全部改變了；以至於人們從未全盤考察該「全部」，這全部也從未顯露。如是，神之死這個主題強加給歷史上的十九世紀。黑格爾早已認為：新時代的宗教乃依據「神本身已死了」這樣的感覺（《信與知》書末）。尼采在《悲劇的誕生》裡說：我相信德國先人們所說的：所有的

神都應該死。那麼有兩種方式去構想神之死，正如有兩種方式去架構人類歷史。要嘛，仲介論（黑格爾的「Vermittlung」）；要嘛，逆轉論（尼采的「Umwertung」）。前者（仲介論）仍在宗教發展的內部裡進行辯證：不死的神過渡到他的他者（亦即死）裡以變成「靈」；神因死而自我否認以自我提升爲實實在在活著的神，他勝過死亡而活生生的。後者（逆轉論）反而敲響了宗教存在的喪鐘：死之神使神所覆蓋的「一切價值觀」隨著他的死而顛覆了。

如果說尼采把「神之死」做成主要的關鍵事件，人類歷史當中唯一具有決定性的事件，唯一「能」有決定性的事情；正是因爲尼采一開始把我們放在最根本的問題上：的確，除了人的神之死之外，有什麼對身爲「人」的人而言是更本質性的事情（不管是更糟糕的或更有利的事情）會發生呢？神之死是巨大的事件，它一下子（即使這一下是如此緩慢地擴散，所以才慢慢地被注意到）把我們從我們所戀眷並在意的事物裡拉出來，把我們從我們賴以戀眷的事物裡拉出來，把我們從一切自遠古迄今既是人類的磐石也是人類的視野之極限裡拉出來：

可我們怎麼做的呢？我們如何能掏空海洋？誰給了我們海綿以擦去整個地平線？[280]

我們「曾使大地與太陽脫節」並使它幻滅。（尼采論著裡的）狂人手提著一個灯籠，於正午在市集廣場上尋找神，說：「大地現在滾向何處？」。然而神並非漂漂亮亮地死去，而是被我們這些人殺死的，我們

才是「殺人犯」，我們必須承擔殺死神的沉重包袱，為該遭遇負責。但是我們自己並不知道我們殺死神，我們甚至還沒質疑，還沒探察這件事所引起的是前所未聞的震撼：我們還去的教堂只不過是神的「墳墓」，一位「已經腐爛的」神之墳墓。由此我們尚未開始估量神之死帶給我們的工作壓力：必須確保該突然變得奇蹟般處女似的未來所打開的完整自由，此未來卻是可怕地空無一物，甚至如洞口大開，人不得不於其中自我發明，以把自己提升到這種難以置信的高度，或在最糟糕的情況之下棄權。再一次（最後一次嗎？），我們正是要使用歸功於神觀裡向來沒被使用的力量，歸功於其義理所含的用之不竭的效用（因此人還「依賴該義理」），才能就神的事情，即使是有關被宣告的神之死，把最初含蓄的而此刻熾熱燃燒著的思想場景推到極端或更甚於極端。只是應該想像該意義作用及其激情的強化之目的乃牽動全體人類，而這只會衝進一個挑戰所有的想像並挑釁思想之可怕深淵——這會永遠如此嗎？尼采還在這場盛大的煙花裡利用神觀以便埋葬神。

現在神死了，世界已失去一切導向，狂人的確提問過：我們此後不會漫遊於「永無止境的空無」嗎？該空無就是神觀過去所眷戀的也賴以眷戀的，最先就是相信有一個超感覺的世界，此世界於其崩潰過程當中帶走了並摧毀了可感覺的事物：「可感覺的」本身因此永遠失去純潔。此後，眾價值的價值本身變得不確定，由於超感覺的不再發出任何生命，該空無就把自己的名字給了「虛無論」（nihilisme）；虛無論又命

---

280. 尼采，《愉悅的知識》（Die Fröhliche Wissenschaft），第三卷，第125條。

名了目前的歐洲：

> 最近最大的事件，即「神死了」，對基督徒的神之信仰
> 不再值得相信；從現在起其陰影開始籠罩歐洲。[281]

　　當海德格重讀尼采時，看到在與「神死了」相連的舊價值觀被輕視並且敲響了形而上學的喪鐘，從而構成了〔現代〕歐洲的歷史，這是因為「神死了」所涉及的範圍事實上遠遠超乎個體的或私人的「無神論」：「尼采的話──神死了──說出長達二十個世紀的西方歷史。」[282] 所以即便「虛無論」才剛被認可，它不是眾多歷史現象當中的一個，而是西方歷史之基本運動，或說甚至是這個歷史之「律」。然而此虛無論，人們卻任其處於未完成狀態：人用自我認知和理性來取代消失的神權；或者用歷史進步論來取代逃入超感覺的事物裡；或者用俗世之福來取代永生之樂，等等。這些取代神的事物後來被稱為幸福教義或社會主義或西方「佛教」。要嘛，我們「完成」虛無論的邏輯，不再只倒轉過時的價值觀，而是回溯到任何價值強調所源出的源頭：對尼采而言，飛揚滿溢的生活之表達方式就是「能量的意志」（la Volonté de puissance[283]）。但是這種誇張的生活，通過使自身處於危險當中來自我維護，以自我稱頌來自我封聖，這種生活能被建為「價值觀」，成為眾多價值觀的價值觀，確定地堵住神之死留下的大洞直到使人忘記神之死嗎？這種對「生」之呼求足以構成新的倫理觀以取代信仰嗎？《約翰福音》裡指出的「真生活」的「活生生的」展開（是 zôé 而不是 psuché），不同於生

命力「天真無知的」拓展，該「真生活」不會讓人聽見別的東西、還懸著而引人思索的東西嗎？

然而，如果說「神之死」所涉及的是歐洲現代性固有的歷史邏輯，那麼在它對面的「中華案例」如何呢？此案例並沒發展神觀，所以也沒必要反過來「殺死」神。是故，隨著中國的重要性之增長，該問題變得既有政治性也有理論性，它今後觸及的是全世界整體的當下，並扣問著我們的未來。因爲如果中國自十九世紀末起被迫借用歐洲現代性的大部分內容，這是由於歐洲現代性乃通過中國從西方所取得的科學及技術力量而進入中國。同樣地，與科技並肩同行而進入中國的還有歷史進步觀以及更激烈的革命觀。但是，中國過去未曾有過關於神的重大事件也沒發生過神之死，那些傳入中國的西方概念如何在中國站穩？或說，中國人沒有被產生於否定力量的基督教俗世化培訓過，該否定力量凸顯出多個古老帝國，不同於中國境內的單一受託權力。不管是歐洲虛無論還是由其輸出的現代性，「神觀」，至少在它的影響裡，是否已經對世界和思想的現狀停止（即便暗地裡）產生作用？

281. 同上，第五卷，第 343 條。

282. 《通到無處之路》（Holzwege, Chemins qui ne mènent nulle part），第四卷：〈尼采的話：「神死了」〉。

283. 根據作者的解說，尼采提出的「la Volonté de puissance」當中的「puissance」指的是人追求生活的「能量」而不是「權利」，人用其意志去發展他追求高密度的生活之能量。——譯註

3

　　與中國傳統對照之下，我們就在更根本上衡量出哪些資源是神觀在歐洲文化當中曾經確實地展開的，而且這些資源絕沒被簡化成厭惡道德及良心不安，甚至被簡化成使人精緻化，尼采就是把基督教簡單摘要成該狀態以呼求價值觀的大翻轉並宣告「神之死」。神觀也許在我們最沒期盼之處顯得最有生產力，亦即神觀與其最隱而不顯地優待的事物最難被剝離。如是，神觀促使科學發展成理想之真理，當我們更靠近細察時，神觀和科學並非只以負面的方式相處融洽：面對信仰，科學更能確認自己的理智要求，信仰與科學彼此使對方更激烈。笛卡爾認為，神觀是最清晰的並且提供了度量真理的基準。神觀則在主觀平台上給思想一座恆久不變的穩定基座，同時，無限全知之神也在人裡面建立一種絕不缺失的知識之可能性。神絕不會「欺騙」，我就能確信神觀從而去認知物質性的事物，由於這些事物回應了神在大自然裡永久設立的有邏輯的法則。此外，神「奧祕難測」，這在獨一神觀之下很方便地堵住玄祕，於是給物理學歸納性和解釋性的知識一個明確的位子。如果說使科學得以發展的數學結構乃建立在神觀之上，這是因為神對自然有創造者的直接認識，就一下子把數學必然的嚴格演算驗證引進到宇宙裡，我們人類本身要花很多功夫才會取得該成果，但是那種必然性先驗地為知識的普世性奠基。

　　同時，現代性的發明就是為反抗神觀而出現的，所以神觀也被現代

性的大膽理論用作導因和渠道，它給予該理論靈感並承載之。神觀既是現代性理論發明的擔保也是其依據。我們從中國反觀歐洲時就看得更清楚，由於中國未曾把數學想成一種語言表述形式，甚至被神用來撰寫宇宙這部偉大著作，如伽利略在《嘗試者》裡所說的，所謂的「現代」物理剔除了亞里斯多德思想，它從數學發展而成的，超脫了可感覺的性質而且具有模式化之能力；現代物理因科技上的應用而改變了地球上人的生活。難道不需要「與世隔離的神」之神觀來作為一種可能的新理論之基座，即便開始時其實是有偏差的，即使教會因伽利略的說法而判他有罪？我們看到中國曾經依據其變化思維發展了代數，特別是算法，然而純粹的幾何學模式化乃用（公式化的）不可能去說明（現象的）可能（如夸黑〔Koyré, 1892－1964〕所闡明的），這，過去在中國卻無人知曉。證明：傳教士們在傳教上成就甚少，不得不委屈去從事他們先前沒預想到的工作，就是翻譯歐洲幾何學專著，這些著作因其創新而吸引中國文人甚至皇帝。

他者思想也有相同遭遇。不是邏輯上的他者性（異），如希臘人所構思的與「同」相反的「異」並由此來與「同」進行正反論證。而是個人之他者性，因此是「存在性」之他者性，即在己身之外的「他者」，相遇時碰見的他者，越出了己身而促使己身擺脫自己。我們過去不斷地通過神來證明他者性，甚至使它去面對他者性之不可能性，此不可能性卻因此把他者性開向無窮；中國思想未曾深想「神」（« Dieu »），也就沒想過「他者」（l'Autre）。中國思想只把他者想成配對者或關聯者，從而形成相反相成之關係（諸如陰陽、天地等等），也就是說，某個整

體之內的伙伴；而不把他者想成純粹他者，世上之陌生人或至少我個人世界的陌生人，而從神這個絕對外部使他半開。也由此，神觀使「愛」的觀念越出了其尋常平庸性，以把它提升到絕對和無窮──這兩種性質融和於神裡；以至於使最尋常的愛之體驗全然翻轉了。因為神以父身分而愛所有的人並保護他們，這是一個到處看得見的簡單想法。但是人被呼召要愛神（而不是懼怕神），甚至僅僅為此而被呼召，這可顛覆了宗教內部運作系統。當神透露自己只是無止境地要求愛，需要人們來完成他的創世之舉時（請參考布博〔Buber, 1878－1965〕引用猶太教法典傳統說法），他更加要求人的愛，這是為何《聖經》裡神持續追求與人聯盟，直到為他們犧牲其愛子。人類歷史當中唯有神觀得以使「愛」拓展到情感和性欲之外，即使變成了一種偉大的愛之神話。

然而我面對他者而產生的不安的自我認知會在沒有自我認知的支持之下發展嗎？因為自我認知乃在與他者的面對面裡深化，而神觀加速了它們兩者。此三者甚至形成了一個（歐洲式的）三角關係：科學（la science）、他者性（l'altérité）以及自我認知（la con-science）[284]──它們各自的要求之間拉開了總是呼籲要敢於走得更遠的「意義」。不管希臘人賦予「自我認知」湧現的輪廓為何（有別於知識（理解）〔la sunesis σύνεσις〕的自我認知〔la suneidêsis συνείδησις〕），就是說與自身共有的自我認知，於己身之內己對己的當下性之自我認知；在保羅的思想裡，這種自我認知思維在與神這位絕對他者的面對面裡頓然展開了。神正如他者以其外在性頓然湧現於我內在最深處，以「私

密方式」把我顯露給我自身，金口約翰在《論神的奧祕難解》（Sur l'incompréhensibilité de Dieu）裡說：「在神面前揭開你的自我認知」（希臘原文：to suneidos emprosthen toû theou το συνειδός ἔμπροσθεν τοῦ θεοῦ）。自我認知能作爲自我與自我的直接立即關係，就因他者（神）扮演了仲介而實現，這正是基督所提供的典範，也借由與神對談所產生的透明性（神與我，以及我與自己）而實現。齊克果說：

> 我只有在宗教裡、在神面前才能理解我自己。然而在人和
> 我之間有一道誤會之牆。我和他們不再有任何共同語言。[285]

　　隨後，也是他者扮演仲介而促使「主體」觀念蛻變，主體不再只是與集體對峙的「個體」或道德上的「個人」，而是變成絕對獨特的「我」（« Je »）初始的主體，一個獨一無二的故事之開端。亞里斯多德提出存有本體論之「基質」（« su-jet » onto-logique）以作爲於變中「底下」（sous-jacent）永不改變的同一存有本體性（即「物理」的 hupokeimenon），同時也是謂語「邏輯性」的主語；因此關於「神」就給自己打開了一個嶄新的未來，由於它使人湧現成「自身」——不是「自我」（ego）而是「自己的個體性」（ipse）——，從而敲破了世界的界限，隨後湧現爲不可約比的，也就是說不能（被世界）整合的。基

---

284. 根據作者的解釋，「con-science」指的是「與自身共同認識自己」（la science de soi avec soi-même）。——譯註

285. Léon Chestov，《齊克果與存在哲學》裡對齊克果的引文（Vrin 出版，1972, 頁 63）。

督教把主體這個深淵深化至無底無盡，是任何心理學都不能填滿的。

　　自由的另一種向度也因此被發現了，這不再是希臘城邦時代獨立和參與公共事務之自由；也不再是斯多葛論所主張的我個人「內在城堡」之自由，此城堡的「獨尊」中心不再被外在事物影響，由此產生個人內在「自主性」。該另一種向度的自由來自「世界的外部」（希臘文：ektos tou kosmou），即神一開始便超脫了大自然之秩序及其因果關係。我們觀察到中國思想並沒把「自我認知」觀念發展到道德良知之外（至少在佛教進入中國之前），也沒發展到內心獨白之外（人在內心獨白裡與自己對談，好像自己是另一個人），也沒在面對科學的「客觀性」時建立「主觀性」（「主觀」與「客觀」兩個詞是從歐洲語文翻譯成現代中文的），也沒把自由想成主體選擇跳脫世界秩序以打開一個間距，中國向西方借用的外語和翻譯至今仍在同化及整合該間距。的確，這些觀念很久以前就世俗化了而且流通於全球化的語言裡，以至於人們以為那些觀念是理所當然的。當我們不知道與「神」相關的譜系時，我們不會因此在它們獨特出場裡錯失了構成其大能與範圍的事物嗎？

4

　　神「死了」……然而「狂人」還在，正午時繼續在市集廣場尋找神（ich suche Gott）。此刻神不會更加自我隱藏嗎？或說神總是更加自我隱藏嗎？「神死了」，但是神會死嗎？首先要問的是，什麼是「死」？那位通過自身之死就能從神解放出來而成為神嗎？或說，向「死去」的「神」敞開的會是何樣的未來？迷信確實是我們與神的關係之本質，如果這是真的，「神之死」豈非唯一能喚醒並揭露尚未被污染的純粹之神的死亡？或者，相反的，在死者裡倖存的是什麼？我們從未能列出神之死所留下的東西之清單，「歐洲」便揉入這份遺產裡，但是歐洲尚未認識到此點，亦即歐洲不想花力氣去清查：如果神真的「死了」，歐洲還害怕神觀什麼呢？死者不也注定要像幽靈般地「打擾人」嗎？死者在死後留下什麼痕跡呢？或者，死留下什麼也許永不再關閉的空白或不在場？簡而言之，問題在於，不管任何的世俗化，神觀是否總留下一點遺留物，由於我們沒分析它，它就更無所不在甚至處處襲人。死去的，不管死得多麼突然，它的分解過程豈非緩慢？或者，如果「神」此後是一具屍骸，屍骸占據什麼位子呢？就是說，如果神「死了」，「神之事」並不因此完結了。此外，「虛無論」能完結嗎？即使尼采想推到極端的虛無論，例如敵基督，虛無論仍是「不完整」；首先它附屬於被它極其虐待的神觀，它甚至因對神觀的時刻攻擊而更加依賴神觀，不是嗎？

如果說神觀確實像自從希臘人以來用敵對方式述說的，就是由兩個對峙的陣營之方式來述說，即一邊是「神學化」之神觀而另一邊是「自然化」之神觀，毫無別的可能性也沒有兩者之間的選項；那麼這個神觀歷史能被摘要成兩方當中的一方取得勝利，起先是很晚才來到的勝利，隨後是猛烈而確定的勝利？一邊是使實體化以便使神聖化的論述，它在所有的謂語之下安排一個第一主體（un Sujet premier），既綜合化也概括：神裡面統一了所有的完美，正如基督承擔了一切苦難；所有環環相扣的原因都回到神裡，正如一切積累的目的最後歸入神之下。它很便利地使絕對化並「使悲情化」：每一個悲劇和每一份希望一開始就相信在神裡得以和睦共處。與之相反的另一邊則是通過「去除奴役」來除掉奧祕（除掉偶像）的論述；就邏輯和政治意涵而言，它使謂語具有純自主之描述性價值，把謂語從句子裡支配謂語之實體化作用裡解放出來（尼采說：「它發亮」，es leuchtet，而不是「光發亮」）；如是一切甚至「神」這個字，都在語言及其文法裡開始起作用。與此同時，它（「去除奴役」）使人們擺脫語言文法之約束，使他們擺脫神的壓迫，就如盧克萊修（Lucrèce, 公元前 98?-55?））早已說過的，擺脫「寓言」及其「可怕的懲罰」。所以在歐洲，對神的信仰之崩潰就與主語及其祖傳性以及個體之我及其自主的自我認知之瓦解同時發生：主語的意象和功能被「戳破」、被「劃掉」，甚至崩盤了，神因此「死了」。

　　此後就不再需要一個統一神話以使所有的多元性在神觀的華蓋或它的覆蓋之下挺在一起：一旦我們抽出了過分簡化多樣性而折磨它的懸空

突出之「神」，讓我們恢復絢麗多彩多樣的過程性，恢復過程隨意而生、過渡並具有操作力的多數，它們經常聯繫並互相關聯，就更吸引人去探索和證明、去認識和體驗。（第二種）論述因此可能用其「邏輯」而勝過第一種論述，並致它「於死」。但是如果有兩個角色供人做出二選一，這被安排為原則的第二種論述會保持何樣的開放性選擇？有全面的「勝利」嗎？或者，在失敗者裡面總會激起反動的勝利，這會是什麼樣的勝利呢？因為失敗的一方絕不讓另一方「安寧」。通過間距對照之下，中華案例至少打破了塞滿我們歐洲歷史而且迄今還在邏輯上顯為必然的針鋒相對。但是此對抗狀態過去也許只是兩種論述——宗教「或」理性——之墨守成規的展現，其中的一方可能在「戰勝」另一方之後感到倉惶失措：當下的倉惶如果不是來自科學，至少來自科學的理智論，即取得最後的勝利之後，因不再需要打擊它的敵方，因此也不再知道憑靠哪個反對方或哪種堅持，或取代哪個目的，從而感到倉惶失措？

又如，歐洲神觀之發展史從早期的興發直到基督教裡的高峰，這結果只會帶來現代性，之後呢？一個「沒落」本身不會帶來現有的力量之重組，亦即一種新的可能性不會暗中醞釀而發展嗎？今天提出「神」的議題，會像二十年前那般嗎？直到二十世紀末，人類歷史看似確實得到保障：人們從宗教裡「走出來了」，既然理智論的進步觀至少已在社會層面上集體式地掃除了「神」（馬歇塞·苟雪〔Marcel Gauchet, 1946-〕在法國展開的論點）：留存下來的只不過是將熄滅的餘火。一種邏輯上和歷史上的必然性正在路上，把神送回過去，任何處理「神」

的論述從此被耽擱延遲了。然而當被指明的雙方當中的一方縮回去時（神面對無神論的縮回），這會因此使已經投入的動機之複雜性以及它們整體的布局消失嗎？甚至人不會在意識形態和心理上呼求加強補償一個萎縮嗎？或呼求延後撤離該萎縮？神觀的猛然抽離本身不會產生拒絕嗎（經由所有的福音派之不斷繁增，為了不說出延遲不妥協的伊斯蘭教等等之獨一神論）？中華長期的傳統（緩慢地消納關於神的想法，沒引起震蕩、爭論和譴責）於是提供了讓人反思的良機，就是說「中華案例」抹除神，反而促使我們思考神，頓然讓我們對一件也許我們過早以為存檔了的事件重新有了（再次審視它的）切入點。中華案例解除了人在「神」裡面的精神固戀，擺脫了贊同「神」或反對「神」因而忽略「神之死」，結果就去除了這個纏繞我們的問題，它就重新打開可能性而使思想虛而待物以往前進。

5

「神之死」在歐洲曾以兩種方式表達。第一種方式是揭發（dénonciation），不管古代或現代，這種方式引人注目而且引起爭論：在神觀覆蓋之下，宗教把人留在害怕和無知裡（盧克萊修），使人留在社會階級造成的異化裡（馬克思）。作為滿足幻想的願望，宗教是一種

「幻覺」，如果不是一個瘋狂的意念（佛洛伊德）。第二種方式含蓄而或許更有操作力：「消除」。就是不再認為「神觀」壓迫人所以人必須反抗它，而是認為神觀沒有用處，所以人可以遶過它（從笛卡爾到拉普拉斯〔Laplace, 1749–1827〕，盧克萊修早已如此認爲）。帕斯卡看得很準：笛卡爾「在他全部的哲思裡很可能想要遶過神」，「在他（笛卡爾）忍不住對神做出一個小刺激之後，他卻不再能對神做什麼了。」[286] 把神致死的動作不再是喧嘩甚至戲劇化，而是暗中默默地做出的。不論如何，不管哪一種方式（揭發或消除），從事的內容總是負面性的或削減性的。然而，削減（réduire）並不單純，削減相當曖昧。削減是制勝、得勝、取消，就如人把某物削減成碎或像被火燒盡的木塊被削減成灰。削減也可以是拉回到小一點的範圍，相當於壓縮（rabattre）。削減表示破壞也表示退縮。那麼，在神觀退縮當中，如我們在歐洲所做的，有什麼會顯露為縮小而其結果會造成損失呢？在被宣告的神之「死」以及趕出神的做法當中，有什麼會因此把人削減或者引起人的壓縮？我們今天除了想要使神永久長存或者想要致之於死地之外，還能用「神」做出別的事情嗎？

現代性對神觀進行了兩大削減運作，其中一種是人類學努力拓展並武裝現代性，這點被費爾巴哈（Feuerbach, 1804-1872）大大地傳播（馬克思則全盤接收），此做法把神觀削減為人本性之產物，也就是說純粹被用來提高人的地位的人為產物。然而當神觀只在「反射」人的主體性

---

286. 帕斯卡，《思想錄》，第 77 條。

時，「神」所體現的異己的「他者」會如何？（費爾巴哈認為）基督教最會實現神為媒介，此刻則變成純粹己對己的媒介以發展「己」；以神觀為媒介則讓人得以在「異己」（「異己形式」，亦即「神」）掩蓋之下間接地抵達人無窮的本質[287]。不過這論點其實不也「削減性的」，有壓縮之意，由於它認為「他者」只在己對己式的閉環裡，就像一場通過仲介做了遶道之後只回到己，只在「己」內部引入他者，不是嗎？於是一開始就錯過了與他者相遇，而這是基督教《聖經》不停拓展的相遇，它具有活生生的經驗，甚至在面對面當中產生令人感到暈旋的經驗，在「己」裡戳破己從而「越出」了己。〔根據費爾巴哈〕「神」作為仲介只屬於知識層面，首先是認識自己，人通過他自身的神化意象來自我認識和自我發展，可真是如此嗎？或說，神作為仲介會不會有存在性的本義，讓人用來「挺於己身之外」，真正的「ex-istant」，嘗試在他者裡面「挺於己身之外」；「神」被名為絕對他者，如是，神原則上永遠不會被圈住也不會被同化？

　　費爾巴哈還質問，要知道神觀當中是否只涉及自身的「客觀化」，如同把自己投身到己身之外，因而使己之內在性或「本質」更明顯，就是基督教裡的「心」(Herzenwesen) 或無窮的感受（Gemüt）。然而這種使主觀內容符合其在「神」裡的客觀化，不會一開始就錯過了讓人於己身內深處可發現的事物，這正是他者的外在性經驗所揭示的，就如基督教所推動的「親密」（intime，拉丁文 intimus 表示「最深之處」）經驗所揭示的？奧古斯丁說：Deus interior intimo meo（神比我內在最

深處還深），亦即比我內心深處還深的正是「他者」，人們稱之為「神」以便說出「他者」之恆久他者性。是故他者不只是我自身外在的支撐，使我在與自身符合的拓展中更強壯。他還照明了用自身來符合己身是不可能的，他也破除了己與己之相符，而教人要去「遇見」他者。黑格爾之後基督教的正反辯證論其實不懂他者是無法被正反辯證的，該正反辯證是否因此頑固地切除了人們能與完整他者共同經歷的「親密」經驗？

第二種對神觀的削減運作來自佛洛伊德發展的心理學，把神觀拉回到父神的功能，因而把父神做成了救世父神，為人驅除恐懼和「防止焦慮不安」，即使他的懲罰能力也令人生畏。〔佛洛伊德主張〕被內在化的「超我」功能既是個體性的也是集體性的，從而容許社會強迫人放棄個人的滿足，因此社會生活必需壓抑個人衝動。「神」把個人所做的犧牲轉移到某個被合理化的「之外」，並使該犧牲變得可以忍受，等等。佛洛伊德在該解釋－揭發裡顯得怡然自在、莊嚴無比而且很有說服力。慶幸的是，佛洛伊德不是只做「解釋」，他還探險了無意識這塊未知的大陸。佛洛伊德投入摸索著前進的探索裡，發現了一個很可能無法超越的矛盾：即在滿足裡面很可能有一種不滿足，包括最基礎的階段，即性衝動階段亦如是。佛洛伊德於此撞到一種內在負面性，他不知道如何處理，只能承認那是「某個不自然的裂痕之跡象」。然而如此之謎，佛洛伊德卻使它懸擱，把它壓縮到最短的甚至極為可笑的目的裡：死不是生之盡頭而是生之目的，眾多終點的終結是涅槃（nirvana），等等 [288]。

---

287. 費爾巴哈，《基督教的本質》（*Das Wesen des Christentums*）〈導論〉，第 11 章。

然而佛洛伊德鍥而不捨的探尋精神最終使他陷入該無法解決的難題裡，此難題不會促使佛洛伊德重新構想他先前看似精心建構和安排的論點：亦即把神觀削減為救助和懲罰之父神（或是削減為純「強迫性神經症」之宗教）？偵察出上述的原始「裂縫」[289]，這不會反過頭來抵抗解釋性和證明性的保證，使它對「神」觀似乎太快就圈劃出界限，因此縮小並削減了神觀嗎？因為神觀之固有屬性（這也是最後唯一能證明其合理的方式）難道不正是它說出了最典型的「不能削減的」（更甚於不能描述的）？或說出了經驗當中被窺到的「裂縫」讓人瞥見隨後而來的大裂口？由此，「神」與讓人看到所有濫用關閉的理智論相反，他是一種難以遏制的意義作用。同樣的，揭發宗教是一種「幻覺」，這能使「除掉幻覺」成為人類歷史的最後一句話嗎？或者，假如我們堅持對世界感到「失望」，這是因為我們過去不懂重新質疑思想裡已制度化而固定下來的眾多框架，我們只知道掏空這些框架裡實際上已過時的幼稚或害怕的內容，但是我們沒能構想重新形塑可思的事物會再次打開尚未聞見的將來。佛洛伊德樂於用伏爾泰式的「逆來順受」來總結：與其夢想「在月球上擁有一份龐大資產」，倒不如在地球上當一個「誠實的微小耕耘者」[290]。這種理性上的劃地自限不也承認思考能力被閹割了？或說，被宣告的神之死難道不是經驗本身的不安（而不是假希望的不安）——就是人之內在的裂痕引起的不安，而存在以之來自我推動——而且人們不可能讓該經驗被削減為經驗論？因為人〔與他自己也與外在世界的〕「不相合」（non-coïncidence）建立了人之所以為人，「神」這個字以之來指向無窮，而不是被用來使之客觀化，不是嗎？

6

眾神們確實死了，他們向來成群地死去：埃及人的神、希臘人的神、日耳曼人的神…… 他們乃為死去而被造出的。尼采有一天說：聽見某個神宣告他乃獨一無二的，那些神們會笑死…… 依靠存有本體的形而上學之神最後也在拆解了存有本體和主體之現代性的早期攻擊時毫不作聲地死去。啟示之神的下場將如何？更普遍地說，通過體現和拓展「神觀」的眾神之闡明和變形的「神觀」將如何？反抗所有的理性論和削減論（這些論點似乎總是任由某個東西逃離），什麼會是神觀的抵抗及其受過考驗的韌性？或說，神觀任由人於自身裡所凸顯的並使人具有張力的事物當中有什麼不想死的，即使要付出的代價是人被異化？又或者，神觀在獨一神論裡被激化之後將沉入被人忽略和莫不關心裡，教堂和會堂因而變成了觀光地點？中國很早就把神觀消納於「文化性的」裡面，所以也不需要致神於死地，因此預先指出了道路。即使如此，理性時代歐洲傳教士在中國整體上傳教失敗，尤其在康熙年間（所謂的文明之間「改信」會是什麼呢？）；或許今天在越南或在中國有比在歐洲更活躍的基督信仰，以抵抗主流意識形態；該信仰在歐洲曾經風光無比而現在萎縮了。神觀裡「不能削減的」也許就是：以去相合的做法去命名總披

---

288. 佛洛伊德，《快樂原則之外》（*Jenseits des Lustprinzips*），第六卷。

289. 原文「fêlure」表示裂縫、裂痕，應用於精神分析也可表示輕微的精神不正常。──譯註

290. 佛洛伊德，《幻覺的未來》（*Die Zukunft einer Illusion*）第九卷。

戴著某種「神話」的「不能縮減性」（l'irréductibilité），此性質被神觀激活了或不幸地被它僵化了。如果說神是信仰所「剩餘的」，就不是指剩餘的信仰，即必須保存的最低限信仰以便不會對生活感到失望或維持某種社會秩序。神是信仰所「剩餘的」，這是因為神指稱「不能被整合的」（l'inintégrable）。然而這「不能被整合的」一旦產生了，即使它越來越被公開威嚇，此後就無法被清除掉。即使是象徵性的或太容易的說法，「神」這個字指稱凡是在世界裡不融入世界的事物、在生活裡不融入生活的事物、在思想裡不融入思想的事物。

　　神觀不確定的遭遇至少讓人瞥見使它倖存的事物。神觀目前被揭發、被懷疑也被譏笑，而不再被供奉崇拜，它就脫離了主流意識形態，這迫使它走出自鳴得意，反而恢復它的抵抗功能而使它重新找到悖論的艱辛道路；這才是它的真相，不同於它經常陷入的循規蹈矩；首先面對它自身，它此後是誠慎的，不再事事服從。人的神觀此後自我警惕，而不是自我頌揚；西蒙・薇爾的態度是這方面的典範，她說：即使我開始在神觀裡探索，我從未停止對自己說（「我需要對自己說」）：「也許這一切不是真的。」[291]亦即懷疑此後占據信仰以便把信仰從膚淺的贊同裡清理出來，人面對信仰不是用不冷不熱的投入，而是通過懷疑而讓信仰經得起考驗，如是否認此後有權利占據信，而不是把信想成戰勝否認。具有批判性的思考能力以磨銳否認為使命，此刻就不必再讓步，因思考能力的功能涵蓋「否定一切的權利」以及不再受到「任何支配」（西蒙・薇爾）。可是教會就是支配，這是本質性的。西蒙・薇爾

說，我進到信裡，但我「不走進」教堂裡，因我懷疑教堂所安排的相合（Coïncidence），這是對它所宣告的去相合之逆轉和補償；我隨後懷疑教堂安排成集體性的權力濫用（此乃共同體的邪惡模式）及其帶給人類歷史的重擔。西蒙・薇爾承認「該思考能力所感到的不適，在基督教裡〔幾乎〕是原始性的」。可是我們敢把這「幾乎」上溯到何處呢？它是基督教原則性的還是表示背叛基督教原則？與其說那是宗教內部的一個邪惡，倒不如說它是宗教腐敗的開端？又或者，在她的懷疑裡思考力所感到的不適是否觸及更根本之處？因為困難就在此原始性的「幾乎」裡，被淹沒於此處而尚未截然分曉。

所有關於神之死的論證由此翻轉了，可翻轉到何地步？不管是往哪一個方向的翻轉，要翻轉（renverser）到何地步才能跳脫敵對的論述並把它抹除掉？神觀的自我合理化會比與它對峙的「虛無論」更「完整」嗎？即使信原則上具有排他性而且絕不寬容的，信肯定能轉身變成人自由決定的去除排他性；於此，西蒙・薇爾繼續說：「在某個程度上，基督本身既是酒神戴奧尼索斯也是冥王歐西里斯。」但是此句中的「在某個程度上」倒是透露作者不敢走到她所提出的假設之盡頭，就如上文中提及的「幾乎」。此處的論點難道不是應該優先詳細說明，才不會讓該句子支支吾吾而成了一種教條遁詞？如果不寬容確實是綜合論述的反面，綜合論述足以駁斥不寬容嗎？然而它是混淆而不是區分。或者，這種統合論不會是更巧妙的殖民者嗎？的確，如果我們批評信的服從，有

---

291. 西蒙・薇爾，《等候神》〈屬靈自傳〉。

人將反駁說，服從是所有參與的基本：西蒙・薇爾說：「閱讀」豈不已表明「服從」並放任自己被引導嗎？與此同時，服從越是有意識的就越激發它自身的抵抗能力，這點也適用於對神的態度：「我們必須不計代價地抵抗神」（即便如此說，西蒙・薇爾心中仍有所保留：「如果我們純粹因擔心真理而抵抗神」；可是我們如何能確定自己是爲了真理去抵抗神呢？）。或者，人們批判信奴役人並使人異化，這很多人說過了無數次。承認自己確實是「奴隸」，甚至是所有奴隸當中最被蔑視的（例如被釘在十字架上的基督），這不會因悖論而反轉爲個人內心的驕傲？這麼做，人甚至強而有力地自我肯定，因此擺脫奴隸狀況而不再被異化。

又或者，需要駁斥相遇前所未聞之突然發生（évènement）嗎？前所未聞之突然發生原則上於其發生時就越出了任何要整合它的架構，它隨後就不會有矛盾。「神感動我」，就是說我與神的接觸免除了理解。發生翻轉的這一刻是純粹存在性的，它劃開了之前與之後，或者劃開了信仰之內與之外——之前與之後或之內與之外還能互通嗎？如此綻放（奔放）的主觀確信只會記下來（例如葡萄牙的某一個小港或者教堂某根柱子背後或者紀念堂的夜晚⋯⋯）：它載入歷史，不是爲了自證合理而是爲了「見證」；早期原始教會的使命確實就是作見證。甚至「禱告」並非哀求，並非請求滿足某個希望，而是表達「關注」它的要求之頂端；隨後就是最嚴謹的「純粹」思想操練，在根本上脫除思想上的贊同以及思想裡經常傳播的借用和影響。西蒙・薇爾從此也質疑人所遭受的「暗

示」，包含在禱告中和在友誼當中的暗示。我們倒是從未足夠質疑自我暗示，包含與他者的相遇當中的自我暗示，或更準確地說，我們能做自我暗示、如何裁定呢？因為我們遇到「他者（神）」當中總有嫌疑是己對己的暗示被投到「他者（神）」身上，而不是真的遇到「他者（神）」。這點很可能從未被完全確定，隨後成了信仰的自我真理裡無法被排除的絆腳石。

7

那麼試圖在信與不信之外去構想神觀，即在做成其「存在性」能力的事物（由此也生出它的彈性）裡面去構想，我們會說神觀的功能正是命名一種「發揮不了作用的功能」（in-fonction）。這就意謂把「神」這個字想成「敲破意義」（Effraction de Sens）或者具有難以遏制的意義作用，因而使「神」這個字擔保語言不能被工具化的向度，從而在語言溝通裡使語言免於被壓縮；班雅明（Benjamin, 1892–1940）在其早期文章裡說過：語言「與神溝通」，是故，神的確是「話語」（la Parole）。這種「發揮不了作用的功能」乃不可能性的「相遇」成為可能之典範，它因此是無窮的，而且不會任由自己被壓縮在任何關係裡（關係是變相的交流溝通），這就是神終究是「愛」或總是超過限度的

關係所表達的,人們從來都無法完全把它帶回到感動或帶回到理性。我們過去能把在原因和解釋裡裂開的裂痕叫做「奇蹟」或「恩典」,但是那其實不是非理性的(或「不可理解的」或「不可言喻的」或「不能想像的」),而是一種「發揮不了作用的功能」,以便用來命名「神」為「不能削減的」或「不能被整合的」功能。

因為神觀帶來的是,在世界當中打開另一個向度,這是信與不信兩方普遍同意的,所以這也是現代性如此蔑視神觀的原因,由於現代性只看重現象性的經驗,亦即現代性不再用某個他方或藉口來取代此時此地的世界。然而神觀最低限度的志向則要越出(débordement)構成「世界」的所有事物。此「越出」因此必須是一種由「神」導向的「超越」(dépassement)嗎?我們若把「世界」看作「所有發生的情況」(這是維根斯坦〔Wittgenstein, 1889－1951〕的《邏輯哲學論》的第一句:alles, was der Fall ist),即所有作為「情況」而「落下、發生」的事情,那麼「神」就說出了「非情況」,即不在情況之下發生的或不受「框架」的。中華文明注重「功用」(用之觀),因而沒發展越出世界的向度,沒構想神觀具有該向度,而是使神觀模糊不定有,而且不把它建構成原則或基督個人;中華文明最終讓神被消納了,因它沒看到神還有什麼用途。這也是為何製造世界的「功能化」今天越來越強調普及的科技以及全球互聯網,導致神觀不一定變得不可信而是越來越聽不見了。

若只堅信「神觀」並企圖把它從宗教束縛裡清理出來,我們不會因

此再一次冒著理性論可疑的祖傳古老姿態之危險：即（亞里斯多德或斯賓諾莎或康德……）想要使神觀可被調整因而可被回收？然而問題比較是，到了這地步，要知道命名「神」是否還有用，或者這麼作不也造成「削減」和損失。其中說的「發揮不了作用的功能」不也需要把它當作「神」來洗禮，或者把它叫作神，可這麼做不也重新使它轉過身來反抗它自身因而使它縮小了？因為如果「神」這個字帶有敲破意義作用，在神裡指派這種作用不也總是旋即就用「神」這個名稱所代表的事物而對思想關閉了神而且重新使之教條化嗎？「神」即使指出「發揮不了作用的功能」，它沒使之功能化嗎？如是，「神」這個字不會使它想要說的內容得以越出界限而且旋即再次被界限框住嗎？又或，如果「神」說出他者之不能同化性，我們不會因把這種不能同化性整合入神裡而使它陷入危險嗎？又或，如果「存在」能力不限於挺立於己身的藩籬之外，該能力在「神」裡找到「挺於己身之外」之可能性（亦即在他者裡，西蒙‧薇爾說：「聖保羅提及人不再活於其體內的狀況」），把這份能力寓於神裡──亦如海德格把該能力寓於「存有本體之真理裡」──其所帶來的結果不會反駁它嗎？換句話說，如果我們認為「神」承載一種不整合入世界裡的思想，為了生活不會被侷限於此世，然而把該能力帶回到神不會重新限制它嗎？就是說（不管我們此後多麼謹慎）再次把該能力變成另一個世界的誘惑而關進神裡嗎？把它稱作「神」，不管走哪一條負面性的路引到「神」，這不也再次建構一種正面性的「規定」論點，而代價過高地、武斷地把它卡在「超然」這邊？如果「神」這個字指出在建構世界的事物裡的一種去相合，它不會於其內部再次「使相合」，即

使那不再關乎宗教的遵循慣例和順從嗎？

那麼唯一行得通的人之定義將是，人與構成世界因而參與世界之共同度量的一切事物做出了去相合（通過他在世界裡與世界打開的去相合，脫離對世界的適應就像他不停地適應世界，這乃藉由推動語言、思想以及主體性而達成的），即重新成為人，在此世的可比較性裡引進一份（因缺乏共同的衡量尺度而）不可約比性的（incommensurable）。那「使人之所以為人的」就是使「不可約比性的」進到世界裡，但它不是來自另一個世界。此後為何必須沒收該「不可約比性的」以把它推到人與神之間「不可約比的距離」，像齊克果和西蒙·薇爾說的？該「不可約比的」不應該被承認為像那些拓展人類特有的經驗但沒被壓縮成經驗論因而確實推動了人的存在嗎？此外還必須傳遞倫理劃分，不是劃分信者和不信者，而是劃分兩種生活：一是觸及「不可約比性的」之生活，一是對「不可約比性的」關閉或者不斷地壓縮「不可約比性的」之生活。

「神」被用來「包含並克制」、「不可約比性的」，此處的「包含並克制」（contenir）有兩層意涵：「神」包含不可約比性的，同時也克制它：人曾向「不可約比的」敞開，但是是在神裡向它敞開的。「不可約比的」就在「存在」當中。某種程度上，「神」用獨占它來削減它或使它窒息。「神」拴住「不可約比的」而被用來藉由害怕來使人安心（令人不能接受的神之功能），也被用來把「不可約比性的」整合入他的神性裡。然而，想要在神裡把「不可約比的」絕對化或綜合化，這不

　　　　　　　　　　　　　　摩西或中華　Moïse ou la Chine

就在神裡背叛神嗎？由於「不可約比的」因無窮而使生活出現裂痕從而不停地在貼近生活之處綻放出來。「若神存在」這個問題此後不再有任何意義，因為我們避免把它連接於存有本體；很可能「信神」也不再有任何意義，由於「不可約比的」一旦被認可並被推展，它不再需要具象化。這「不可約比性的」不會人格化也不會存有本體論化，即使形而上學和神的啟示長久以來承載著它。一旦「不可約比性的」在經驗裡製造裂痕、越出經驗並推展經驗，開始於其自身裡自我思考，此刻承載它之載體還算合理嗎？為了更嚴謹地思考「神」這個字裡過去所指稱的，還需要把它稱作「神」嗎？這不會帶來不安模糊嗎？讓我們不再轉進神之死及其誇張悲情裡。可是思想要向「不可約比的」敞開，「神」這個最後的便利對思想不再有用途了，不是嗎？

摩西或中華 —— 文化間距論

作者	朱利安 François Jullien
譯者	卓立
封面設計	Timonium lake
書名字體	何佳興、魏榮辰
內頁構成	詹淑娟
編輯	葛雅茜
校對	吳小微
行銷企劃	蔡佳妘
業務發行	王綬晨、邱紹溢、劉文雅
主編	柯欣妤
副總編輯	詹雅蘭
總編輯	葛雅茜
發行人	蘇拾平

國家圖書館出版品預行編目 (CIP) 資料

摩西或中華：文化間距論 / 朱利安 (François
Jullien) 著；卓立譯 . -- 初版 . -- 新北市 :
原點出版 : 大雁文化事業股份有限公司發行,
2024.02
272 面 ; 17 × 23 公分
ISBN 978-626-7338-60-5(平裝)
1.CST: 文化研究 2.CST: 比較研究
541.28　　112022228
Moïse ou la Chine © Éditions de
l'Observatoire / Humensis, 2022

出版　　原點出版 Uni-Books
　　　　Facebook: Uni-Books 原點出版
　　　　Email: uni-books@andbooks.com.tw

　　　　新北市 231030 新店市北新路三段 207-3 號 5 樓
　　　　電話：（02）8913-1005　傳真：（02）8913-1056

發行　　大雁出版基地
　　　　新北市 231030 新店市北新路三段 207-3 號 5 樓
　　　　24 小時傳真服務　（02）8913-1056
　　　　讀者服務信箱 Email: andbooks@andbooks.com.tw
　　　　劃撥帳號：19983379
　　　　戶名：大雁文化事業股份有限公司

初版 一 刷　2024 年 2 月
二版 一 刷　2024 年 7 月

定價　　600 元
　　　　ISBN　978-626-7338-60-5（平裝）
　　　　ISBN　978-626-7338-61-2（EPUB）